에센스 명화 성경

FAMOUS BIBLE PAINTING

편집자 소개

황해도 신천에서 태어났다. 서울대 법대 법학과를 졸업하고 미국 하버드대 국제문제연구소 연구원을 거쳐 국방대학원을 졸업했다. 주이탈리아 참사관, 주일 총영사, 주벨기에 공사와 주나이지리아 대사를 역임한 전직 외교부 대사이다. 1970년 《현대문학》으로 문단에 데뷔한 후 《韓의 숲》 외 다수의 시집을 냈으며, 희곡 《금관의 예수》, 장편소설 《우리가 사랑한 죄인》이 있고, 번역서로는 《장미의 이름으로》《제2의 성서》(구약·신약) 외 다수가 있다. 1999년 10월 독일 Peperkorn사의 영문판 한국문학시리즈 제1권 시집 《내 영혼의 노래(Songs of My Soul)》가 출간되었다.

에센스 명화 성경
구약 2

초판 1쇄 | 펴낸날 2008년 1월 15일

펴낸곳 · 해누리기획
펴낸이 · 이동진
편역자 · 이동진
『흠정영역성서』 삽화 제공 · 맹성렬

주소 | 121-816 서울시 마포구 동교동 155-35 (2층)
전화 | 02)335-0414 · 0415 | 0502-569-0588 · 3698
팩스 | 02)335-0416 | 0502-569-0589
E-mail | sunnyworld@henuri.com

ⓒ 2007 해누리

ISBN 978-89-89039-96-9 04200
ISBN 978-89-89039-94-5 04200 (전 4권)

에센스 명화 성경
FAMOUS BIBLE PAINTING

구약 2

이동진 편역

해누리

역사서 The Historical Books

시서와 지혜서 Psalms and the Wisdom Books

예언서 The Prophets

열왕기 상권
The First Book of the Kings

1 열왕기 1 Kings 1:2

"주군이신 임금님께 젊은 처녀 하나를 구해 드려 임금님을 시중들고 모시게 하였으면 좋겠습니다. 그 처녀를 품에 안고 주무시면 주군이신 임금님의 몸이 따뜻해질 것입니다."

"Let some young girl be found for my lord the king, to wait on the king and look after him; she shall lie on your breast and this will keep my lord the king warm."

늙은 다윗 왕　　　　　　흠정영역성서(1708년, 런던)

1 열왕기 1 Kings 1:39

차독 사제가 기름 담은 뿔을 천막에서 가져와, 솔로몬에게 기름을 부었다. 그러고 나서 나팔을 분 다음, 모든 백성이 "솔로몬 임금 만세!" 하고 외쳤다.

Zadok the priest took the horn of oil from the Tent and anointed Solomon. They sounded the trumpet and all the people shouted, "Long live King Solomon!"

율리우스 슈노르 폰 카롤스펠트 작

왕이 된 솔로몬

1 열왕기 3:25

"그 산 아이를 둘로 나누어 반쪽은 이 여자에게, 또 반쪽은 저 여자에게 주어라."

솔로몬의 재판   구스타프 도레 작

1 Kings 3:25

"Cut the living child in two," the king said, "and give half to one, half to the other."

율리우스 슈노르 폰 카롤스펠트 작

솔로몬의 재판

1 열왕기 3:27-28

그때에 임금이 이렇게 분부하였다. "산 아기를 죽이지 말고 처음 여자에게 내주어라. 저 여자가 그 아기의 어머니다." 임금이 이러한 판결을 내렸다는 소식을 온 이스라엘이 들었다. 그리고 임금에게 하느님의 지혜가 있어 공정한 판결을 내린다는 것을 알고는 임금을 두려워하였다.

솔로몬의 재판   알브레히트 뒤러 작

1 Kings 3:27-28

Then the king gave his decision. "Give the child to the first woman," he said, "and do not kill him. She is the mother." All Israel came to hear of the judgment the king had pronounced, and held the king in awe, recognizing that he possessed divine wisdom for dispensing justice.

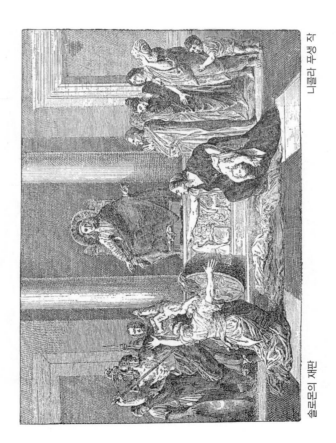

니콜라 푸생 작

솔로몬의 재판

1 열왕기 1 Kings 5:1

솔로몬은 유프라테스 강에서 필리스티아 땅까지, 그리고 이집트 국경에 이르기까지 모든 나라를 다스렸다. 그들은 솔로몬이 살아 있는 동안 내내 조공을 바치며 그를 섬겼다.

Solomon extended his power over all the kingdoms from the river to the land of the Philistines and the Egyptian border. They brought tribute and served him all his life long.

솔로몬 왕궁의 하루 음식　　　흠정영역성서(1708년, 런던)

1 열왕기 1 Kings 5:9-10

하느님께서 솔로몬에게 지혜와 매우 뛰어난 분별력과 넓은 마음을 바닷가의 모래처럼 주시니, 솔로몬의 지혜는 동방 모든 이의 지혜와 이집트의 모든 지혜보다 뛰어났다.

Yahweh gave Solomon immense wisdom and understanding, and a heart as vast as the sand on the seashore. The wisdom of Solomon surpassed the wisdom of all the sons of the East, and all the wisdom of Egypt.

백향목과 우슬초   흠정영역성서(1708년, 런던)

1 열왕기 5:18-19

"그러나 이제 주 나의 하느님께서 나를 사방으로부터 평온하게 해 주시어, 적대자도 없고 불상사도 없습니다. 나는 주 나의 하느님의 이름을 위한 집을 지으려 합니다."

성전 건축 준비 　　　　흠정영역성서(1708년, 런던)

I Kings 5:18–19

"But now Yahweh my God has given me rest on every side: not one enemy, no calamities. I therefore plan to build a temple for the name of Yahweh my God."

성전을 신축하는 솔로몬

율리우스 슈노르 폰 카롤스펠트 작

1 열왕기 6:1-2

이스라엘 자손들이 이집트 땅에서 나온 지 사백팔십 년, 솔로몬이 이스라엘을 다스린 지 사 년째 되던 해 지우 달, 곧 둘째 달에 솔로몬은 주님의 집을 짓기 시작하였다. 솔로몬 임금이 주님께 지어 바친 집은 그 길이가 예순 암마, 너비가 스무 암마, 높이가 서른 암마였다.

성전을 위한 측량   흠정영역성서(1708년, 런던)

1 Kings 6:1-2

In the four hundred and eightieth year after the Israelites came out of the land of Egypt, in the fourth year of Solomon's reign over Israel, in the month of Ziv, which is the second month, he began to build the Temple of Yahweh. The Temple that King Solomon built for Yahweh was sixty cubits long, twenty cubits wide and twenty-five in height.

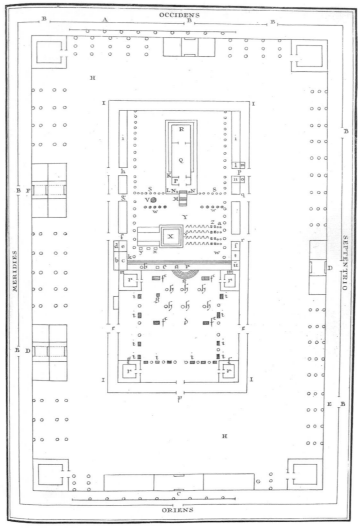

솔로몬의 성전 도면   흠정영역성서(1708년, 런던)

성전 조감도   흠정영역성서(1708년, 런던)

1 열왕기 1 Kings 6:1-2

성전 조감도

성전 일부   흠정영역성서(1708년, 런던)

1 열왕기 1 Kings 6:1-2

성전 일부   흠정영역성서(1708년, 런던)

1 열왕기 1 Kings 6:1-2

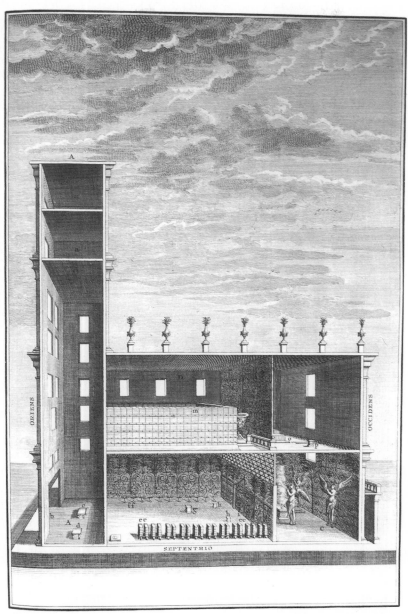

성전 단면도   흠정영역성서(1708년, 런던)

1 열왕기 6:19-20

솔로몬의 집의 가장 깊숙한 곳에 안쪽 성소를 마련하고, 그곳에 주님의 계약 궤를 모셨다. 그 안쪽 성소는 길이가 스무 암마, 너비가 스무 암마, 높이가 스무 암마인데 순금으로 입혔다.

지성소 내부   흠정영역성서(1708년, 런던)

1 Kings 6:19-20

In the inner part of the Temple he designed a Debir, to contain the ark of the covenant of Yahweh. The Debir was twenty cubits long, twenty cubits wide, and twenty high, and he plated it on the inside with pure gold.

제의 궤

1 열왕기 1 Kings 6:19-20

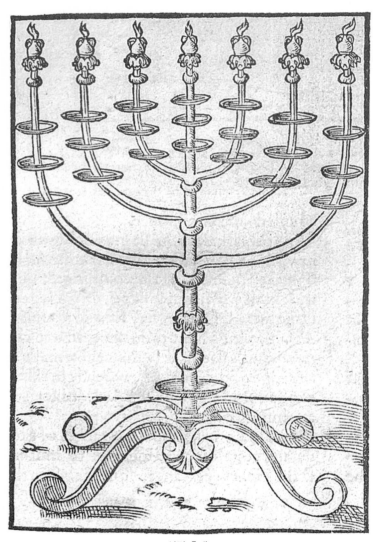

성전 촛대

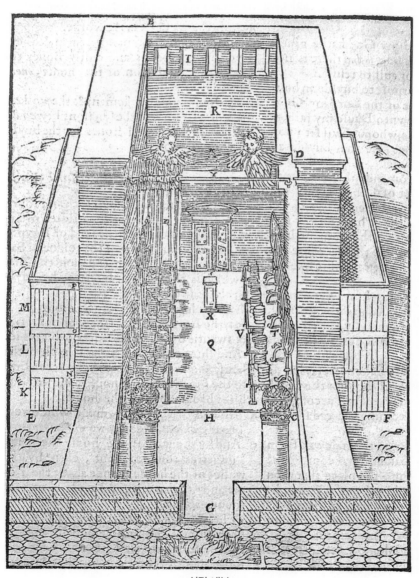

성전 내부

1 열왕기 6:23-24

그는 안쪽 성소에 올리브 나무로 높이가 열 암마 되는 커룹을 둘 만들어 놓았
다. 커룹의 한쪽 날개가 다섯 암마이고 다른 쪽 날개도 다섯 암마였다. 그래서
이쪽 날개 끝에서 저쪽 날개 끝까지는 열 암마가 되었다.

지성소의 커룹들   흠정영역성서(1708년, 런던)

1 Kings 6:23-24

In the Debir, he made two cherubs of olive wood... It was ten cubits high. One cherub's wing was five cubits long and the other wing five cubits: ten cubits from wing tip to wing tip.

지성소의 커룹들   흠정영역성서(1708년, 런던)

1 열왕기 6:37-38

제사 년 지우 달에 주님의 집 기초가 놓였다. 그리고 제십 일 년 불 달, 곧 여덟째 달에 그 집은 모든 부분이 설계한 대로 완공되었다. 솔로몬이 그 집을 짓는데에는 일곱 해가 걸렸다.

완공 후 제물을 바치다   흠정영역성서(1708년, 런던)

1 Kings 6:37-38

In the fourth year, in the month of Ziv, the foundations of the Temple were laid; in the eleventh year, in the month of Bul—that is, the 8th month—the Temple was completed exactly as it had been planned and designed. Solomon took seven years to build it.

솔로몬의 성전

1 열왕기 1 Kings 6:37-38

솔로몬이 성전을 봉헌하는 번제

1 열왕기 1 Kings 6:37-38

성전과 그 주위

1 열왕기 7:1-2

솔로몬이 열세 해에 걸쳐서 자기 궁전을 짓고, 궁전 전체를 마무리하였다. 그는
또 '레바논 수풀 궁'을 지었는데, 그 길이가 백 암마이고 너비가 쉰 암마이며
높이가 서른 암마였다.

왕궁과 정원 　　　　　　　　　　　　흠정영역성서(1708년, 런던)

1 Kings 7:1-2

As regards his palace, Solomon spent thirteen years on it before the building was completed. He built the Hall of Forest of Lebanon, a hundred cubits long, fifty cubits wide, and thirty cubits high.

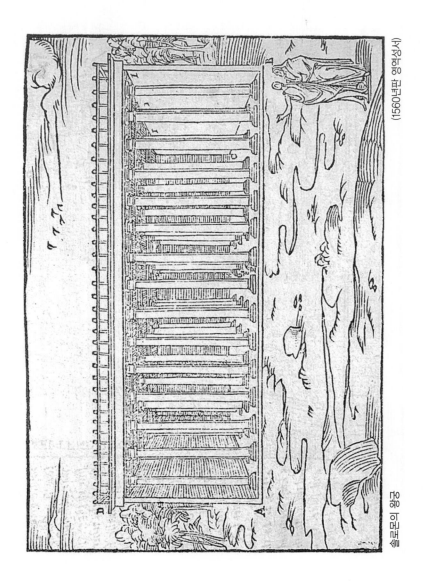

(1560년판 영어성서)

솔로몬의 왕궁

1 열왕기 1 Kings 7:1-2

솔로몬의 왕궁   (1560년 판 영어성경에서)

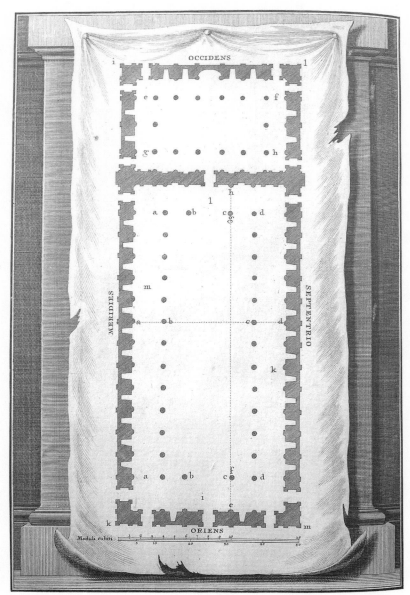

왕궁 도면 흠정영역성서(1708년, 런던)

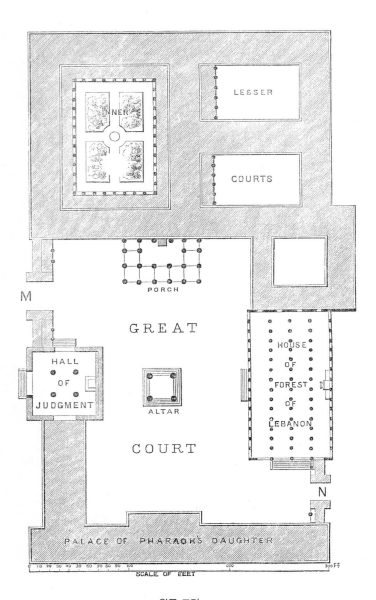

왕궁 도면

1 열왕기 7:23

그 다음 그는 청동을 부어 바다모형을 만들었다. 이 둥근 바다는 한 가장자리에서 다른 가장자리까지 지름이 열 암마, 높이가 다섯 암마, 둘레가 서른 암마였다.

청동 바다 모형   흠정영역성서(1708년, 런던)

1 Kings 7:23

He made the Sea of cast metal, ten cubits from rim to rim, circular in shape and five cubits high; a cord thirty cubits long gave the measurement of its girth.

청동 바다 모형   흠정영역성서(1708년, 런던)

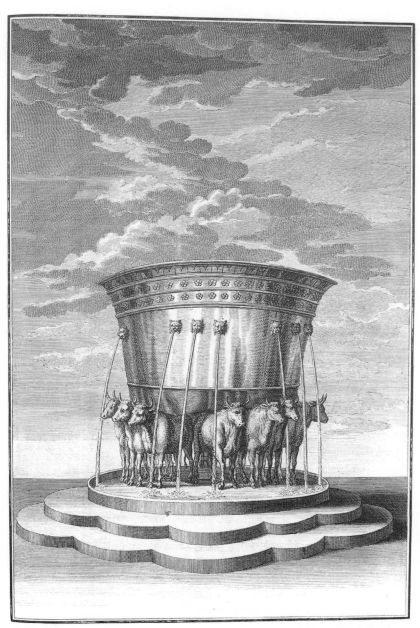

청동 바다 모형   흠정영역성서(1708년, 런던)

1 열왕기 1 Kings 7:23

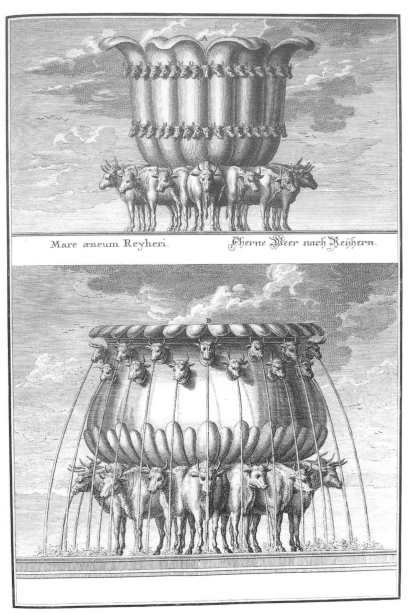

Mare æneum Reyheri.   Eherne Meer nach Reyhern.

청동 바다 모형   흠정영역성서(1708년, 런던)

1 열왕기 1 Kings 7:23

청동 바다 모형   흠정영역성서(1708년, 런던)

위에서 내려다본 청동 바다 모형   흠정영역성서(1708년, 런던)

청동 바다 모형 단면도　　　　　　　　　흠정영역성서(1708년, 런던)

물두멍   흠정영역성서(1708년, 런던)

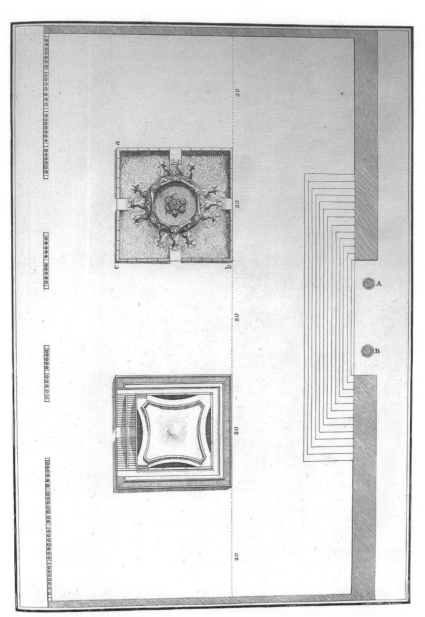

청동 바다 모형과 물두멍 평면도   흠정영역성서(1708년, 런던)

1 열왕기 1 Kings 7:23

청동 바다 모형과 물두멍 구역   흠정영역성서(1708년, 런던)

1 열왕기 9:10-11

솔로몬이 두 건물, 곧 주님의 집과 왕궁을 짓기까지는 스무 해가 걸렸다. 티로 임금 히람은 솔로몬이 원하는 대로 향백나무와 방백나무 재목과 금을 보냈다. 그러자 솔로몬 임금은 갈릴래아 땅의 성읍 스무 개를 히람에게 주었다.

금 운반   흠정영역성서(1708년, 런던)

1 Kings 9:10-11

At the end of twenty years it took Solomon to erect the two buildings, the Temple of Yahweh and the royal palace. (Hiram king of Tyre had provided Solomon with as much cedar wood, juniper wood and gold as he had wanted), King Solomon gave Hiram twenty towns in the land of Galilee.

향백나무들을 베다 구스타프 도레 작

1 열왕기 10:1-2

스바 여왕이 주님의 이름 덕분에 유명해진 솔로몬의 명성을 듣고, 까다로운 문제로 그를 시험해 보려고 찾아왔다. 여왕은 많은 수행원을 거느리고, 향료와 엄청나게 많은 금과 보석을 낙타에 싣고 예루살렘에 왔다.

스바 여왕의 도착   흠정영역성서(1708년, 런던)

1 Kings 10:1-2

The fame of Solomon having reached the queen of Sheba...she came to test him with difficult questions. She brought immense riches to Jerusalem with her, camels laden with spices, great quantities of gold, and precious stones.

솔로몬과 스바 여왕   구스타프 도레 작

솔로몬과 스바 여왕

1 열왕기 10:21-22

솔로몬 시대에 은은 가치 있는 것으로 여기지도 않았다. 임금에게는 히람의 상 선대와 함께 바다에서 활동하는 타르시스 상선대가 있었다. 이 타르시스 상선 대가 세 해에 한 번씩 금과 은과 상아, 원숭이와 공작새들을 실어 왔다.

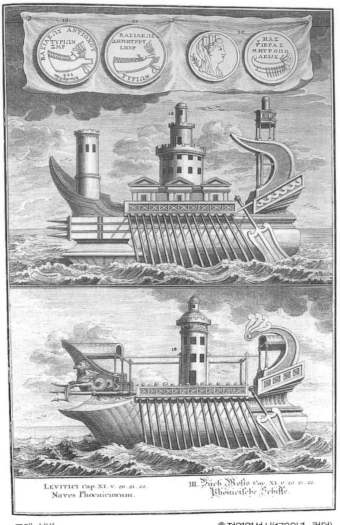

고대 선박   흠정영역성서(1708년, 런던)

1 Kings 10:21-22

Silver was thought little of in the time of Solomon. And the king also had a fleet of Tarshish at sea with Hiram's fleet, and once every three years the fleet of Tarshish would come back laden with gold and silver, ivory, apes and baboons.

상아   흠정영역성서(1708년, 런던)

1 열왕기 1 Kings 10:21-22

원숭이와 공작 　　　　　　　흠정영역성서(1708년, 런던)

백향목   흠정영역성서(1708년, 런던)

1 열왕기 1 Kings 10:21-22

앵무새   흠정영역성서(1708년, 런던)

1 열왕기 1 Kings 10:21-22

목재   흠정영역성서(1708년, 런던)

1 열왕기 1 Kings 10:23-24

솔로몬 임금은 부와 지혜에서 세상의 어느 임금보다 뛰어났다. 그리하여 이 세상 사람들이 모두 하느님께서 솔로몬의 마음에 넣어 주신 지혜를 들으려고 그를 찾아왔다.

For riches and for wisdom King Solomon outdid all the kings of the earth. The whole world sought audience of Solomon to hear the wisdom God had implanted in his heart.

솔로몬 왕   구스타프 도레 작

1 열왕기 12:13-14

임금은 원로들이 내놓은 의견을 버리고 백성에게 거칠게 대답하였다. 그는 젊은이들의 의견대로 백성에게 말하였다. "내 아버지께서는 그대들을 가죽 채찍으로 징벌하셨지만, 나는 갈고리 채찍으로 할 것이오."

율리우스 슈노르 폰 카롤스펠트 작

솔로몬의 뒤를 이은 르하브암

1 Kings 12:13–14

The king, rejecting the advice given him by the elders, gave the people a harsh answer, speaking to them as the young men had recommended. "My father beat you with whips; I am going to beat you with loaded scourges."

왕이 거칠게 대답하다   흠정영역성서(1708년, 런던)

1 열왕기 13:4

예로보암 임금은 하느님의 사람이 베텔 제단에 대고 이렇게 외치는 말을 듣고, 제단에서 손을 뻗으며 "그를 붙잡아라." 하고 명령하였다. 그러자 그를 향해 뻗었던 손이 굳어 오므릴 수가 없게 되었다.

예로보암의 손이 굳어버리다   흠정영역성서(1708년, 런던)

1 Kings 13:4

When the king heard how the man of God denounced the altar of
Bethel, he stretched out his hand from the altar, saying, "Seize him!"
But the hand he stretched out against the man withered, and he could
not draw it back.

베텔의 제단이 무너지다

하느님의 사람은 그곳을 떠나가다가, 길에서 사자를 만나 물려 죽었다. 그 주검은 길에 내버려진 채로 있었는데, 나귀가 그 곁에 서 있고 사자도 그 곁에 서 있었다.

사자에게 물려 죽은 예언자   흠정영역성서(1708년, 런던)

1 Kings 13:24

A lion met him on the road and killed him; his corpse lay stretched out on the road; the donkey stood there beside it; the lion stood by the corpse too.

사자에게 물려죽은 예언자 구스타프 도레 작

1655년경, 렘브란트 작

사자에게 물려죽은 예언자

1 열왕기 1 Kings 16:23-24

유다 임금 아사 제삼십 일 년에 오므리가 이스라엘의 임금이 되어 열두 해 동안 다스렸는데, 여섯 해는 티르차에서 다스렸다. 그는 사마리아 산을 세메르에게서 은 두 탈렌트로 산 뒤, 그 산을 요새로 만들고 자기가 세운 성읍의 이름을, 산의 본래 소유자인 세메르의 이름을 따서 사마리아라고 하였다.

In the thirty-first year of Asa king of Judah, Omri became king of Israel and reigned for twelve years. He reigned for six years in Tirzah. Then for two talents of silver he bought a hill from Shemer and on it built a town which he named Samaria after Shemer who had owned the hill.

사마리아

1 열왕기 17:5-6

엘리야는 주님의 말씀대로 요르단 강 동쪽에 있는 크릿 시내로 가서 머물렀다.
까마귀들이 그에게 아침에도 빵과 고기를 날라 왔고, 저녁에도 빵과 고기를 날
라 왔다. 그리고 그는 시내에서 물을 마셨다.

엘리야와 까마귀   흠정영역성서(1708년, 런던)

1 Kings 17:5-6

He did as Yahweh had said: he went and stayed in the wadi Cherith which lies east of Jordan. The ravens brought him bread in the morning and meat in the evening, and he quenched his thirst at the stream.

율리우스 슈노르 폰 카롤스펠트 작

까마귀에게서 음식을 받는 엘리야

1 열왕기 1 Kings 17:5-6

까마귀들이 엘리야에게 음식을 물어다 주다

1 열왕기 1 Kings 17:5-6

1655년경, 렘브란트 작

시냇가의 엘리야

1 열왕기 1 Kings 17:16

주님께서 엘리야를 통하여 하신 말씀대로, 단지에는 밀가루가 떨어지지 않고
병에는 기름이 마르지 않았다.

The jar of meal was not spent nor the jug of oil emptied, just as Yahweh
had foretold through Elijah.

엘리야와 사렙타 과부　　　　　　흠정영역성서(1708년, 런던)

1열왕기 1 Kings 17:21-22

그리고 그는 아이 위로 세 번 자기 몸을 펼친 다음 주님께 이렇게 부르짖었다. "주 저의 하느님, 이 아이 안으로 목숨이 돌아오게 해 주십시오." 주님께서 엘리야의 소리를 들으시고 그 아이 안으로 목숨이 돌아오게 하시자, 아이가 다시 살아났다.

엘리야와 죽은 아이   흠정영역성서(1708년, 런던)

1 Kings 17:21-22

He stretched himself on the child three times and cried out to Yahweh,
"Yahweh my God, may the soul of this child, I beg you, come into him
again!" Yahweh heard the prayer of Elijah and the soul of the child
returned to him again and he revived.

엘리야가 되살린 과부의 아들   구스타프 도레 작

1열왕기 1 Kings 17:21-22

율리우스 슈노르 폰 카롤스펠트 작

헬리야가 되살린 과부의 아들

1 열왕기 1 Kings 18:38

그러자 주님의 불길이 내려와, 번제물과 장작과 돌과 먼지를 삼켜 버리고 도랑에 있던 물도 핥아 버렸다.

Then the fire of Yahweh fell and consumed the holocaust and wood and licked up the water in the trench.

주님의 불길   흠정영역성서(1708년, 런던)

1 열왕기 1 Kings 18:40

그때에 엘리야가 그들에게 말하였다. "바알의 예언자들을 하나도 놓치지 말고 사로잡으시오." 백성이 그들을 사로잡아오자, 엘리야는 그들을 키손천으로 끌고 가 거기에서 죽였다.

Elijah said, "Seize the prophets of Baal: do not let one of them escape." They seized them, and Elijah took them down to the wadi Kishon, and he slaughtered them there.

바알의 예언자들을 죽이다   구스타프 도레 작

1 열왕기 18:45-46

그러는 동안 잠깐 사이에 하늘이 구름과 바람으로 캄캄해지더니, 큰비가 내리기 시작하였다. 아합은 병거를 타고 이즈르엘로 갔다. 한편 엘리야는 주님의 손이 자기에게 내리자, 허리를 동여매고 아합을 앞질러 이즈르엘 어귀까지 뛰어갔다.

카르멜 산에서 기도하는 엘리야   흠정영역성서(1708년, 런던)

1 Kings 18:45-46

And with that the sky grew dark with cloud and storm, and rain fell in
torrents. Ahab mounted his chariot and made for Jezreel. The hand of
Yahweh was on Elijah, and tucking up his cloak he ran in front of Ahab
as far as the outskirts of Jezreel.

이즈르엘 성 폐허

구름과 바람이 일어나다　　　　흠정영역성서(1708년, 런던)

1 열왕기 19:4

자기는 하룻길을 더 걸어 광야로 나갔다. 그는 싸리나무 아래로 들어가 앉아서, 죽기를 간청하며 이렇게 말하였다. "주님, 이것으로 충분하니 저의 목숨을 거두어 주십시오. 저는 제 조상들보다 나을 것이 없습니다."

엘리야가 죽음을 간청하다   흠정영역성서(1708년, 런던)

1 Kings 19:4

He himself went on into the wildness, a day's journey, and sitting under
a furze bush wished he were dead. "Yahweh," he said, "I had had
enough. Take my life; I am no better than my ancestors."

주세페 포르타 작

엘리야와 천사

1 열왕기 1 Kings 19:8

엘리야는 일어나서 먹고 마셨다. 그 음식으로 힘을 얻은 그는 밤낮으로 사십 일을 걸어, 하느님의 산 호렙에 이르렀다.

So he got up and ate and drank, and strengthened by that food he walked for forty days and forty nights until he reached Horeb, the mountain of God.

천사가 엘리야에게 음식을 주다   구스타프 도레 작

1 열왕기 1 Kings 20:29

양쪽 군대는 서로 마주 보고 이레 동안 진을 치고 있다가, 이레째 되는 날에 드디어 싸움에 들어갔다. 이스라엘 자손들은 그날 하루 만에 아람 군의 보병 십만을 쳐 죽였다.

For seven days they encamped opposite each other. On the seventh day battle was joined and the Israelites slaughtered the Aramaeans, a hundred thousand foot soldiers in one day.

섬멸되는 아람 군대   구스타프 도레 작

1 열왕기 1 Kings 22:34

그런데 어떤 병사가 무턱대고 쏜 화살이 이스라엘 임금을 맞추었다. 화살이 갑옷 가슴막이의 이음새에 꽂히자, 임금은 자기 병거를 모는 부하에게 말하였다. "병거를 돌려 싸움터에서 빠져나가자. 내가 부상을 입었다."

Now one of the men, drawing his bow at random, hit the king of Israel between the corselet and the scale-armor of his breastplate. "Turn about," the king said to his charioteer, "Get me out of the battle; I have been hurt."

아합의 죽음 구스타프 도레 작

열왕기 하권
The Second Book of the Kings

2 열왕기 2 Kings 1:10

엘리야는 그 오십인 대장에게 이렇게 대답하였다. "내가 하느님의 사람이라면, 하늘에서 불이 내려와 너와 네 부하 쉰 명을 삼켜 버릴 것이다." 그러자 하늘에서 불이 내려와 그와 그의 부하 쉰 명을 삼켜 버렸다.

하늘에서 내려온 불   흠정영역성서(1708년, 런던)

2 Kings 1:10

Elijah answered the captain, "If I am a man of God, let fire come down from heaven and destroy both you and your fifty men." And fire came down from heaven and destroyed him and his fifty men.

하늘에서 불이 내려오다

구스타프 도레 작

엘리야가 겉옷을 들어 말아 가지고 물을 치니, 물이 이쪽저쪽으로 갈라졌다. 그리하여 두 사람은 마른 땅을 밟고 강을 건넜다.

물을 가르는 엘리야   흠정영역성서(1708년, 런던)

2 Kings 2:8

Elijah took his cloak, rolled it up and struck the water, and the water divided to left and right, and the two of them crossed over dry-shod.

엘리야와 엘리사   흠정영역성서(1708년, 런던)

2 열왕기 2:11

그들이 이야기를 하면서 계속 걸어가는데, 갑자기 불 병거와 불 말이 나타나서
그 두 사람을 갈라놓았다. 그러자 엘리야가 회오리바람에 실려 하늘로 올라갔다.

승천하는 엘리야   율리우스 슈노르 폰 카롤스펠트 작

2 Kings 2:11

Now as they walked on, talking as they went, a chariot of fire appeared
and horses of fire, coming between the two of them; and Elijah went up
to heaven in the whirlwind.

하늘로 올라가는 엘리야   구스타프 도레 작

엘리야의 무덤

2 열왕기 2:21-22

엘리사는 물이 나오는 곳에 가서 거기에 소금을 뿌리며 말하였다. "주님께서 이렇게 말씀하신다. '내가 이 물을 되살렸으니, 이제 다시는 이 물 때문에 죽거나 생산력을 잃는 일이 없을 것이다.'" 그러자 그 물은 엘리사가 한 말대로 되살아나서 오늘에 이르렀다.

물이 나쁜 성읍   흠정영역성서(1708년, 런던)

Then he went to the place the water came from and threw salt into it. "Thus Yahweh speaks," he said, "'I make this water wholesome: neither death nor miscarriage shall come from it any more.'" And the water was made wholesome, and is so today, exactly as Elisha had said it would be.

엘리사의 샘

2 열왕기 2 Kings 2:23-24

그가 베텔로 가는 도중에 어린아이들이 성읍에서 나와, "대머리야, 올라가라!
대머리야, 올라가라!" 하며 놀려 댔다. 엘리사는 돌아서서 그들을 보며 주님의
이름으로 저주하였다. 그러자 암곰 두 마리가 숲에서 나와, 그 아이들 가운데
마흔두 명을 찢어 죽였다.

From there he went up to Bethel, and while he was on the road up,
some small boys came out of the town and jeered at him. "Go up,
baldhead!" they shouted, "Go up, baldhead!" He turned around and
looked at them; and he cursed them in the name of Yahweh. And two
she-bears came out of the wood and savaged forty-two of the boys.

곰이 아이들을 죽이다   흠정영역성서(1708년, 런던)

2 열왕기 3:15
악사가 연주하는 동안, 주님의 손길이 엘리사에게 내렸다.

엘리사와 악사 흠정영역성서(1708년, 런던)

2 Kings 3:15

And as the musician played, the hand of Yahweh was laid on him.

악기 연주

흠정영역성서(1708년, 런던)

2 열왕기 3:20, 22

다음 날 아침에 제물을 드리는 때가 되자, 에돔 쪽에서 물이 쏟아져 나와 그 땅
이 물로 가득 찼다. 모압인들이 이튿날 아침 일찍 일어나자, 해가 물 위에 떠올
라서 그들 맞은쪽의 물이 피처럼 붉게 보였다.

물에 찬 땅   흠정영역성서(1708년, 런던)

2 Kings 3:20, 22

Next morning at the time when the oblation was being offered, water
came from the direction of Edom, and the country was filled with it. In
the morning when they got up, the sun was shining on the water; and in
the distance the Moabites saw the water as red as blood.

대치한 군대 진영　　　　　흠정영역성서(1708년, 런던)

2 열왕기 2 Kings 3:24

그러나 그들이 이스라엘 진영에 이르자, 이스라엘군이 일어나서 모압인들을 쳤다. 그들이 이스라엘 앞에서 도망치자, 이스라엘군은 계속 앞으로 나아가면서 모압인들을 쳤다.

But when they reached the Israelite camp, the Israelites launched their attack and the Moabites fled before them, and as they advanced they cut the Moabites to pieces.

모압 군대의 파멸　　　　　　　　　　　　　　　　　구스타프 도레 작

2 열왕기 4:3-4

그러자 엘리사가 말하였다. "밖으로 나가 모든 이웃 사람에게서 그릇을 빌려 오시오. 빈 그릇을 되도록 많이 빌려다가, 두 아들을 데리고 안으로 들어가 문을 잠그고서, 그릇마다 기름을 붓고 그릇이 차면 옆으로 옮겨 놓으시오."

기름으로 빈 그릇들을 채우다   흠정영역성서(1708년, 런던)

2 Kings 4:3-4

Then he said, "Go outside and borrow jars from all your neighbors, empty jars and not too few. When you come back, shut the door on yourself and your sons, and pour the oil into all these jars, putting each aside when it is full."

1657년경, 렘브란트 작

엘리사와 과부 가족

2 열왕기 4:34

침상에 올라가 자기 입을 아이의 입에, 자기 눈을 아이의 눈에, 자기 손을 아이의 손에 맞추고 그 위에 엎드렸다. 이렇게 아이 위에 몸을 수그리고 있자, 아이의 몸이 따뜻해지기 시작하였다.

기도하는 엘리사   흠정영역성서(1708년, 런던)

2 Kings 4:34

Then he climbed onto the bed and stretched himself on the top of the child, putting his mouth on his mouth, his eyes to his eyes, and his hands on his hands, and as he lowered himself onto him, the child's flesh grew warm.

벤자민 웨스트 작

엘리야는 수람미드 아이

2 열왕기 2 Kings 4:41

엘리사가 "밀가루를 가져오너라." 하고 일렀다. 그는 밀가루를 솥에 뿌려 넣은 다음, "사람들에게 국을 떠 주어 먹게 하여라." 하였다. 그러자 솥에는 더 이상 해로운 것이 없었다.

"Bring some meal then," Elisha said. This he threw into the pot, and said, "Pour out for these men, and let them eat." And there was nothing harmful in the pot.

국에 독이 들어 있다　　　　　　　　　흠정영역성서(1708년, 런던)

어떤 사람이 바알 살리사에서 왔다. 그는 맏물로 만든 보리 빵 스무 개와 햇곡식 이삭을 자루에 담아, 하느님의 사람에게 가져왔다. 엘리사는 "이 군중이 먹도록 나누어 주어라." 하고 일렀다.

A man came from Baal-shalishah, bringing the man of God bread from first fruits, twenty barley loaves and fresh grain in the ears. "Give it to the people to eat," Elisha said.

백 명을 먹인 빵의 기적　　흠정영역성서(1708년, 런던)

2 열왕기 2 Kings 5:14

그리하여 나아만은 하느님의 사람이 일러 준 대로, 요르단 강에 내려가서 일곱 번 몸을 담갔다. 그러자 그는 어린아이 살처럼 새살이 돋아 깨끗해졌다.

So he went down and immersed himself seven times in the Jordan, as Elisha had told him to do. And his flesh became clean once more like the flesh of a little child.

요르단 강에 몸을 담그는 나아만   흠정영역성서(1708년, 런던)

2 열왕기 6:6

하느님의 사람이 "도끼가 어디에 빠졌느냐?" 하고 물었다. 그가 그 자리를 가리키니, 엘리사는 나뭇가지를 꺾어 그곳에 던졌다. 그러자 도끼가 떠올랐다.

엘리사와 도끼   흠정영역성서(1708년, 런던)

2 Kings 6:6

"Where did it fall?" the man of God asked; and he showed the spot. Then, cutting a stick, Elisha threw it in at that point and made the iron axhead float.

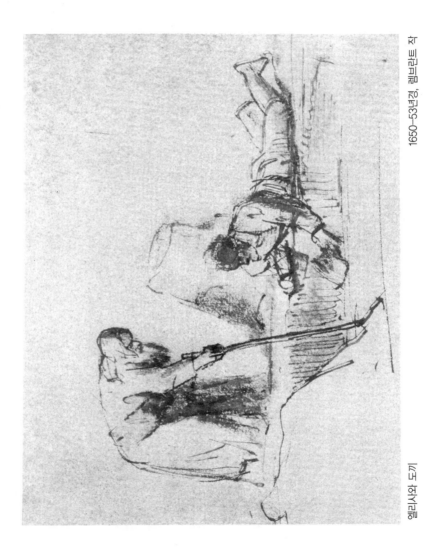

1650-53년경, 렘브란트 작

엘리사와 도끼

III

2 열왕기 2 Kings 6:18

아람 군대가 엘리사에게 내려올 때, 엘리사는 주님께 "저 민족을 치시어 눈이
멀게 해 주십시오." 하고 기도하였다. 그러자 주님께서는 엘리사의 말대로 그
들을 치시어 눈이 멀게 하셨다.

As the Aramaeans came down toward him, Elisha prayed to Yahweh, "I
beg you to strike this people with blindness." And at the word of Elisha
he struck them blind.

눈이 어둡게 된 아람 군사들　　　　흠정영역성서(1708년, 런던)

2 열왕기 6:24-25

그러나 나중에 아람 임금 벤 하닷이 전군을 소집하고 올라와서 사마리아를 포위하였다. 그들의 포위가 계속되자, 사마리아는 큰 굶주림에 시달려 나귀 머리하나가 은 여든 세켈에 팔리고, 비둘기 똥 사분의 일 캅이 은 다섯 세켈에 팔릴지경에 이르렀다.

포위된 사마리아   흠정영역성서(1708년, 런던)

2 Kings 6:24-25

It happened after this that Ben-hadad king of Aram mustered his whole army and came to lay seize to Samaria. In Samaria there was great famine, and so strict was the siege that the head of a donkey sold for eighty shekels of silver, and one quarter-kab of wild onions for five shekels of silver.

사마리아의 기근   구스타프 도레 작

2 열왕기 2 Kings 7:7

그리하여 아람 군은 해질 녘에 일어나 천막과 군마와 나귀들을 버리고 진영을
그대로 둔 채, 목숨을 구하려고 도망쳤던 것이다.

So in the dusk they had made off and fled, abandoning their tents, their
horses and their donkeys; leaving the camp just as it was, they had fled
for their lives.

아람 군대의 도주   흠정영역성서(1708년, 런던)

2 열왕기 2 Kings 9:30-31

예후가 이즈르엘에 이르렀을 때, 이제벨은 소식을 듣고 눈화장을 하고 머리를 꾸민 다음, 창문으로 내려다보고 있었다. 예후가 문에 들어서자 이제벨이 말하였다. "자기 주군을 죽인 지므리 같은 자야, 평안하냐?"

Jehu went back to Jezreel and Jezebel heard of it. She made up her eyes with kohl and adorned her head and appeared at the window. As Jehu came through the gateway she said, "Is all well, Zimri, you murderer of your master?"

이제벨   흠정영역성서(1708년, 런던)

2 열왕기 9:33-34

예후가 "그 여자를 아래로 내던져라." 하고 일렀다. 내시들이 그 여자를 아래로
내던지자 그 피가 담벼락과 말에 튀었다. 예후가 그 여자를 짓밟았다.

이제벨의 죽음   구스타프 도레 작

2 Kings 9:33-34

"Throw her down," he said. They threw her down, and her blood
spattered the walls and the horses; and Jehu rode over her.

이제벨의 처형   알브레히트 뒤러 작

2 열왕기 2 Kings 9:36-37

"주님께서 말씀하셨다. '이즈르엘 들판에서 개들이 이제벨의 살을 뜯어 먹고, 이제벨의 주검이 이즈르엘 들판의 거름이 되어 아무도 그것을 이제벨이라고 하지 않을 것이다.'"

"The dogs will eat the flesh of Jezebel in the territory of Jezreel; the corpse of Jezebel will be like dung spread on the fields, so that no one will be able to say: 'This is Jezebel.'"

이제벨의 해골   구스타프 도레 작

2 열왕기 2 Kings 11:16

그들은 그 여자를 체포하였다. 그러고 나서 아탈야가 왕궁의 '말 문' 으로 난 길에 들어서자, 거기에서 그 여자를 죽였다.

They seized her, and when she had reached the palace through the Entry of the Horses, she was put to death there.

아탈야의 죽음　　　　　　　　　　　　　　　　　　　　구스타프 도레 작

2 열왕기 2 Kings 13:19-20

그러자 하느님의 사람이 임금에게 화를 내며 말하였다. "임금님께서 대여섯 번 치셨더라면, 아람을 쳐서 전멸시키셨을 것입니다. 그러나 이제는 아람을 세 번 밖에 치실 수 없게 되었습니다." 그리고 나서 엘리사가 죽으니, 사람들이 그를 장사 지냈다.

At this, the man of God grew angry with him. "You should have struck half a dozen times," he said, "and you would have beaten Aram completely; now you will only beat Aram three times." Elisha died and was buried.

엘리사의 죽음　　　　흠정영역성서(1708년, 런던)

2 열왕기 2 Kings 17:6

마침내 호세아 제구 년에 아시리아 임금은 사마리아를 함락하고, 이스라엘 사람들을 아시리아로 끌고 가서 하라와 고잔 강 가 하보르와 메디아의 성읍들에 이주시켰다.

In the ninth year of Hoshea, the king of Assyria captured Samaria and deported the Israelites to Assyria. He settled them in Halah on the Habor, a river of Gozan, and in the cities of the Medes.

E. 플랑댕 작

아시리아 왕의 알현을 기다리는 포로들

2 열왕기 2 Kings 17:24-25

아시리아 임금은 바빌론과 쿠타와 아와와 하맛과 스파르와임에서 사람들을 데려다가, 이스라엘 자손들을 대신하여 사마리아 성읍들에 살게 하였다. 그들은 그곳에 살면서 처음에는 주님을 경외하지 않았다. 그래서 주님께서는 그들 가운데에 사자들을 보내시어 그들을 물어 죽이게 하셨다.

The king of Assyria brought people from Babylon, Cuthah, Avva, Hamath and Sepharvaim, and settled them in the towns of Samaria to replace the Israelites. When they first came to live there, they did not worship Yahweh, so Yahweh sent lions against them, which killed a number of them.

사마리아의 사자들   흠정영역성서(1708년, 런던)

2 열왕기 2 Kings 18:13, 15-16

히즈키야 임금 제십 사 년에, 아시리아 임금 산헤립이 유다의 모든 요새 성읍으로 올라와서 그곳들을 점령하였다. 히즈키야는 그에게 주님의 집과 왕궁의 창고에 있는 은을 모두 내주었다. 유다 임금 히즈키야가 주님의 집 문짝들과 문설주에 입혔던 금을 벗겨, 아시리아 임금에게 내준 것도 그때이다.

In the fourteenth year of King Hezekiah, Sennacherib king of Assyria attacked the fortified towns of Judah and captured them. Hezekiah gave him all the silver in the Temple of Yahweh and in the treasury of the royal palace. It was then that Hezekiah stripped the facing from the leaves and jambs of the doors of the Temple of Yahweh.

아시리아의 산헤립

2 열왕기 19:35-37

그날 밤 주님의 천사가 나아가 아시리아 진영에서 십팔만 오천 명을 쳤다. 아시리아 임금 산헤립은 그곳을 떠나 되돌아가서 니네베에 머물렀다. 그런데 그가 그의 신 니스록의 신전에서 예배드리고 있을 때, 그의 두 아들 아드람멜렉과 사르에체르가 그를 칼로 쳐 죽이고는 아라랏 땅으로 도망쳤다.

율리우스 슈노르 폰 카롤스펠트 작

아시리아 군대를 치는 천사

2 Kings 19:35-37

That same night the angel of Yahweh went out and struck down a hundred and eighty-five thousand men in the Assyrian camp. Sennacherib struck camp and left; he returned home and stayed in Nineveh. One day when he was worshipping in the temple of his god Nisroch, his sons Adrammelech and Sharezer struck him down with the sword and escaped into the land of Ararat.

산헤립 군대의 파멸   구스타프 도레 작

2 열왕기 2 Kings 20:7, 11

이사야는 무화과 과자를 가져오라고 하였다. 사람들이 그것을 가져다 종기에 붙이자 임금의 병이 나았다. 그러자 이사야 예언자가 주님께 청하니, 주님께서 아하즈의 해시계에 드리운 그림자를 열 칸 뒤로 돌아가게 하셨다.

"Bring a fig poultice," Isaiah said; they brought one, applied it to the ulcer, and the king recovered. The prophet Isaiah then called on Yahweh who made the shadow go back ten steps on the steps of Ahaz.

병들어 죽게 된 왕 히즈키야   흠정영역성서(1708년, 런던)

2 열왕기 2 Kings 23:6-7

그리고 아세라 목상을 주님의 집에서 예루살렘 밖 '키드론 골짜기' 로 끌어내다가, 그것을 '키드론 골짜기' 에서 태우고 가루로 만든 다음, 서민 공동묘지에 뿌렸다. 임금은 또 주님의 집에 있던 신전 남창들의 집들을 허물어 버렸다.

From the Temple of Yahweh he removed the sacred pole right out of Jerusalem to the wadi of Kidron, and in the wadi of Kidron he burnt it; he reduced it to ashes and threw its ashes on the common burying ground. He pulled down the house of the sacred male prostitutes which was in the Temple of Yahweh.

아세라 목상의 파괴 　　　흠정영역성서(1708년, 런던)

2 열왕기 2 Kings 25:7

그는 치드키야의 아들들을 그가 보는 가운데 살해하고 치드키야의 두 눈을 멀게 한 뒤, 그를 청동 사슬로 묶어 바빌론으로 끌고 갔다.

He had the sons of Zedekiah slaughtered before his eyes, then put out Zedekiah's eyes and, loading him with chains, carried him off to Babylon.

치드키야 왕의 아들들의 죽음   구스타프 도레 작

2 열왕기 2 Kings 25:11-12

느부자르아단 친위대장은 또 도성에 남아 있던 나머지 백성과 바빌론 임금에게 넘어간 자들, 그리고 그 밖의 남은 무리를 끌고 갔다. 그러나 친위대장은 그 나라의 가난한 이들을 일부 남겨, 포도밭을 가꾸고 농사를 짓게 하였다.

Nebuzaradan, commander of the guard deported the remainder of the population left behind in the city, the deserters who had gone over to the king of Babylon, and the rest of the common people. The commander of the guard left some of the humbler country people as vineyard workers and plowmen.

포로가 된 예루살렘 주민들   율리우스 슈노르 폰 카롤스펠트 작

역대기 상권
The First Book of Chronicles

1 역대기 1 Chronicles 1:43-44

이스라엘 자손들을 임금이 다스리기 전에, 에돔 땅을 다스리던 임금들은 이러하다. 브오르의 아들 벨라, 그의 성읍 이름은 딘하바였다. 벨라가 죽자 보츠라 출신 제라의 아들 요밥이 그 뒤를 이어 임금이 되었다.

Here are the kings who ruled in the land of Edom before an Israelite king ruled: Bela son of Beor; his city was called Dinhabah. Bela died and Jobab son of Zerah, from Bozrah, succeeded.

보츠라 폐허

1 역대기 1 Chronicles 12:1-2

다윗이 아직 키스의 아들 사울에게 포위되어 치클락에 있을 때, 다윗에게 간 사람들은 이러하다. 그들은 좌우 양손으로 돌팔매질도 하고 화살도 쏠 수 있는 궁수였다.

These are the men who rallied to David at Ziklag when he was still kept from the presence of Saul son of Kish. They could handle the bow with right hand or with left, who could use stones or arrows.

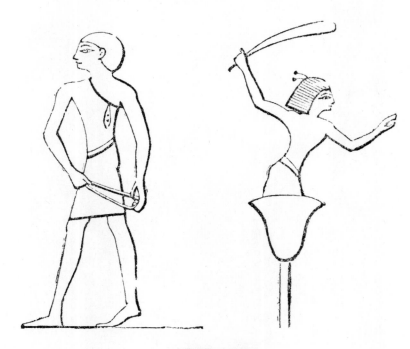

이집트인들의 돌팔매

1 역대기 1 Chronicles 12: 20-22

므나쎄에서도 다윗에게 넘어간 사람들이 있었다. 그들은 모두 힘센 용사들로서 군대의 장수였기 때문에, 부대를 맡아 그를 도왔다.

Certain Manassites deserted to David. This was a reinforcement for David and his troops, since they were all valiant champions and became officers in the army.

용사들　　　　　　　　　　흠정영역성서(1708년, 런던)

1 역대기 18:8

또한 다윗은 하닷에제르의 성읍 팁핫과 쿤에서 매우 많은 청동을 거두었다. 그
것으로 나중에 솔로몬이 청동 바다와 기둥들과 청동 기물들을 만들었다.

청동 바다 모형

1 Chronicles 18:8

From Tibhath and from Cun, towns belonging to Hadadezer, David took a great quantity of bronze; with this Solomon made the bronze Sea and the bronze pillars and furnishings.

물두멍   1560년판 영역성서

물두멍   흠정영역성서(1708년, 런던)

1 역대기 1 Chronicles 19:4

그래서 하눈은 다윗의 신하들을 붙잡아 수염을 깎아 버리고, 예복도 엉덩이 부분까지 절반씩 잘라 낸 뒤에 돌려보냈다.

Whereupon Hanun seized David's servants, shaved them, cut their clothes halfway up to their buttocks, and sent them away.

치욕을 당하는 다윗의 신하   베르나르 피카르 작

1 역대기 1 Chronicles 21:26

그리고 나서 다윗은 주님을 위하여 제단을 쌓고 번제물과 친교 제물을 바치며, 주님께 호소하였다. 그러자 주님께서는 하늘에서 번제 제단 위로 불을 내리시어 그에게 응답하셨다.

David built an altar there to Yahweh and offered holocausts and communion sacrifices. He called on Yahweh, and Yahweh answered him with fire from heaven on the altar of holocaust.

번제 제단에 내린 불　　　　흠정영역성서(1708년, 런던)

1 역대기 28:11-12

그리고 나서 다윗은 현관과 거기에 이어지는 건물과 창고와 옥상 방과 안쪽 방
들과 속죄소의 모형을 아들 솔로몬에게 주었다. 그 밖에 마음에 떠오르는 모든
것의 모형도 주었다.

성전의 설계도   흠정영역성서(1708년, 런던)

1 Chronicles 28:11-12

David gave his son Solomon the plans for the vestibule, the buildings, the treasuries, the upper rooms, the inner apartments and the room for the throne of mercy; he also gave him a description of all he had in mind.

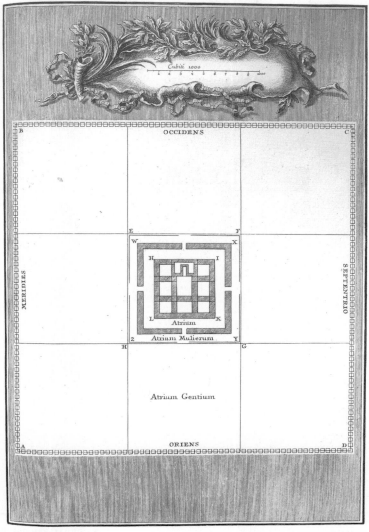

성전 평면도 　　　　　　　　　　　　흠정영역성서(1708년, 런던)

1 역대기 1 Chronicles 28:11-12

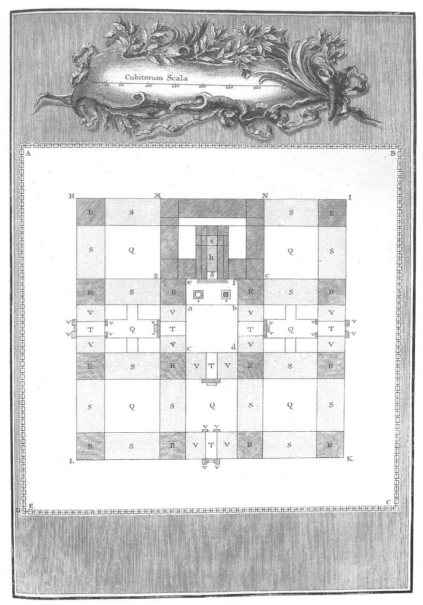

성전 배치도   흠정영역성서(1708년, 런던)

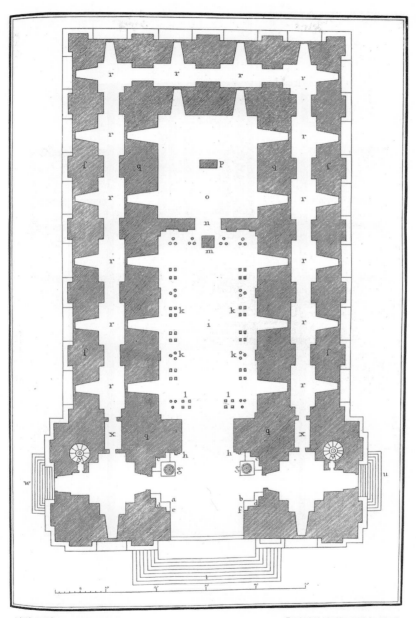

성전 도면

흠정영역성서(1708년, 런던)

1 역대기 1 Chronicles 28:11-12

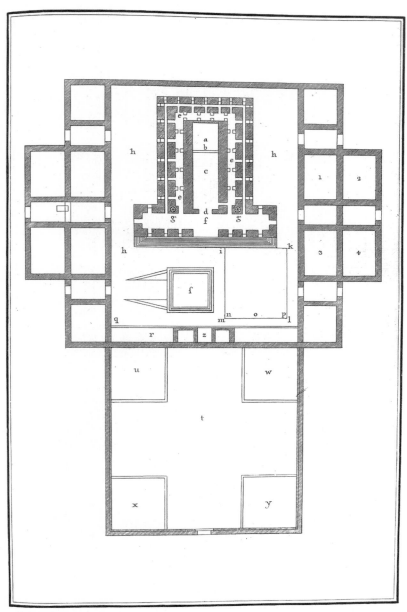

성전 도면   흠정영역성서(1708년, 런던)

역대기 하권
The Second Book of Chronicles

2 역대기 2 Chronicles 3:1

솔로몬은 예루살렘 모리야산에 주님의 집을 짓기 시작하였다. 그곳은 주님께서 그의 아버지 다윗에게 나타나신 곳으로서, 본디 여부스 사람 오르난의 타작마당이었는데 다윗이 집터로 잡아 놓았다.

Solomon then began to build the house of Yahweh in Jerusalem on Mount Moriah where David his father had a vision. It was the place prepared by David, the threshing floor of Ornan the Jebusite.

성전 건축   흠정영역성서(1708년, 런던)

2 역대기 7:4-5

그런 다음, 임금과 온 백성이 주님 앞에 희생 제물을 바쳤다. 솔로몬 임금은 황소 이만 이천 마리와 양 십이만 마리를 희생 제물로 바쳤다. 이렇게 임금과 온 백성이 하느님의 집을 봉헌하였다.

예루살렘 성전   17세기 판화

2 Chronicles 7:4-5

Then the king and all the people offered sacrifice before Yahweh. King
Solomon offered twenty-two thousand oxen and a hundred and twenty
thousand sheep in sacrifice; and so the king and all the people dedicated
the Temple of Yahweh.

17세기 판화

번제 장면

2 역대기 2 Chronicles 7:4-5

제단   흠정영역성서(1708년, 런던)

제단   흠정영역성서(1708년, 런던)

2 역대기 2 Chronicles 21:18-19

이 모든 일이 일어난 다음, 주님께서 여호람을 치시어 창자에 불치병이 들게 하셨다. 세월이 흘러 두 해가 지날 무렵, 그는 이 병으로 창자가 빠져나와 큰 고통 속에 죽었다.

And after all this, Yahweh struck him down with an incurable disease of the bowels; it lasted more than one year, and when two years were over and his last hour came, his bowels dropped out with disease and he died in great pain.

여호람 왕이 죽다   흠정영역성서(1708년, 런던)

2 역대기 2 Chronicles 26:15

그는 또 솜씨 좋은 장인들이 고안해 낸 것으로 화살과 큰 돌을 쏘는 무기를 만들어 탑과 성 모퉁이마다 배치하였다. 그러자 그의 명성이 널리 퍼져 나갔다.

In Jerusalem he constructed engines, invented by experts, which were mounted on the towers and at the corners to fire arrows and great stones. His fame spread far and wide.

우찌야 왕의 새 병기   흠정영역성서(1708년, 런던)

2 역대기 2 Chronicles 27:3-4

요탐은 주님의 집 '윗대문'을 세웠다. 그리고 오펠의 성벽 위에 많은 것을 지었으며, 유다의 산악 지방에 성읍들을 세우고, 산림지대에 성채들과 탑들을 세웠다.

It was he who built the Upper Gate of the Temple of Yahweh and carried out considerable work on the wall of the Ophel. He built towns in the highlands of Judah, and fortified places and towers in the arable lands.

유다 산중의 성읍   흠정영역성서(1708년, 런던)

2 역대기 28:3-4

아하즈는 '벤 힌놈 골짜기'에서 향을 피우고, 주님께서 이스라엘 자손들 앞에서
쫓아내신 민족들의 역겨운 짓을 따라, 자기 아들들을 불 속으로 지나가게 하였
다. 그는 산당과 언덕과 온갖 푸른 나무 아래에서 제물을 바치고 향을 피웠다.

지옥　　　　　　　　　　　　　　　　　　　　　　　　16세기 말 판화

2 Chronicles 28:3-4

He offered incense in the Valley of the Sons of Hinnom and caused his sons to pass through fire, copying the shameful practices of the nations which Yahweh had dispossessed for the sons of Israel. He offered sacrifices and incense on the high places, on the hills and under every spreading tree.

단테의 지옥 방문

2 역대기 2 Chronicles 28:9, 11

그때 사마리아에는 오뎃이라고 하는 주님의 예언자가 있었다. 그는 사마리아로 들어오는 군대 앞에 나가 말하였다. "여러분이 형제들 가운데에서 사로잡아 온 포로들을 돌려보내십시오."

A prophet of Yahweh was there named Oded, who went out to meet the troops returning to Samaria and said, "Release the prisoners you have taken of your brothers,"

예언자 오뎃   베르나르 피카르 작

에즈라기
The Book of Ezra

에즈라 Ezra 1:1, 3

페르시아 임금 키루스 제일년이었다. 주님께서는 예레미야의 입을 통하여 하신 말씀을 이루시려고, 페르시아 임금 키루스의 마음을 움직이셨다. 그리하여 키루스는 온 나라에 어명을 내리고 칙서도 반포하였다. "이제 그들이 유다의 예루살렘으로 올라가서, 주 이스라엘의 하느님 집을 짓게 하여라. 그분은 예루살렘에 계시는 하느님이시다."

Now in the first year of Cyrus king of Persia, to fulfill the word of Yahweh that was spoken through Jeremiah, Yahweh roused the spirit of Cyrus king of Persia to issue a proclamation and to have it publicly displayed throughout his kingdom: "Let him go up to Jerusalem in Judah to build the Temple of Yahweh, the God of Israel—he is the God who is in Jerusalem."

페르시아 왕 키루스

에즈라 Ezra 1:7

키루스 임금은 네부카드네자르가 예루살렘에서 가져다가 자기 신전에 두었던
주님의 집 기물들을 꺼내 오게 하였다. 페르시아 임금 키루스는 재무상 마트르
닷을 시켜 그것들을 꺼내 오게 한 다음, 낱낱이 세어 유다 제후 세스바차르에게
넘겨주도록 하였다.

King Cyrus took the vessels of the Temple of Yahweh which
Nebuchadnezzar had carried away from Jerusalem and dedicated to the
temple of his god. Cyrus, king of Persia, handed them over to
Mithredath, the treasurer, who counted them out to Sheshbazzar, the
prince of Judah.

성전의 기물을 돌려주다　　　　　　　　　　　　　　　구스타프 도레 작

에즈라 Ezra 2:1

바빌론 임금 네부카드네자르가 바빌론으로 사로잡아 간 유배자들 가운데 포로 살이를 마치고 고향으로 올라온 지방민은 이러하다. 이들은 예루살렘과 유다로, 곧 제 성읍으로 돌아온 이들이다.

These were the people of the province who returned from captivity and exile. After being deported to Babylon by Nebuchadnezzar king of Babylon, they returned to Jerusalem and to Judah, each to his own town.

유배지에서 돌아오다　　　　　　　　　　　　　율리우스 슈노르 폰 카롤스펠트 작

에즈라 3:8

예루살렘에 있는 하느님의 집으로 돌아온 이듬해 둘째 달에, 스알티엘의 아들 즈
루빠벨과 여호차닥의 아들 예수아는 나머지 동포들, 곧 사제들과 레위인들과, 포
로살이를 마치고 예루살렘으로 돌아온 모든 이와 함께 공사를 시작하였다.

율리우스 슈노르 폰 카롤스펠트 작

성전의 기초를 다시 놓다

Ezra 3:8

It was in the second month of the second year after the arrival at the
Temple of God in Jerusalem that Zerubbael son of Shealtiel and Jeshua
son of Jozadak, with the rest of their brothers, the priests, the Levites
and all the people who had returned to Jerusalem from captivity, began
the work.

성전 재건   구스타프 도레 작

에즈라 Ezra 7:1, 6

이러한 일이 있은 뒤였다. 페르시아 임금 아르타크세르크세스가 다스리던 때, 에즈라라는 사람이 있었다. 그는 스라야의 아들이었다. 이 에즈라가 바빌론에서 올라왔는데, 그는 주 이스라엘의 하느님께서 주신 모세의 율법에 능통한 학자였다. 주 그의 하느님의 손길이 그를 보살펴 주셨으므로, 임금은 그의 청을 다 들어주었다.

After these events, in the reign of Artaxerxes king of Persia, Ezra son of Seraiah, this man Ezra came up from Babylon. He was a scribe versed in the Law of Moses, which had been given by Yahweh, the God of Israel. As the favor of God, Yahweh, was with him, the king gave him all he asked.

유프라테스 강가의 에즈라의 무덤

에즈라 Ezra 7:12-13

"임금들의 임금인 아르타크세르크세스가 하늘의 하느님께서 내리신 법의 학자인 에즈라 사제에게. 평화! 이제, 나는 이렇게 명령을 내린다. 내 왕국에 사는 이스라엘 백성과 그들의 사제들과 레위인들 가운데서 예루살렘으로 가고 싶어하는 사람은 그대와 함께 가도 좋다."

"Artaxerxes, king of kings, to the priest Ezra, scribe of the Law of the God of heaven, perfect peace. Anyone in my kingdom who is of the people of Israel, of their priests or their Levites and who freely chooses to go to Jerusalem, may go with you."

유다인들에게 자유를 주다   구스타프 도레 작

에즈라 Ezra 9:15

"주 이스라엘의 하느님, 당신은 의로운 분이십니다. 그래서 저희 가운데 오늘 도 이처럼 생존자가 남게 된 것입니다. 그 누구도 잘못한 채 당신 앞에 나설 수 가 없습니다만, 이제 저희는 저희 잘못을 지닌 채 당신 앞에 있습니다."

"Yahweh, God of Israel, by your justice we survive as the remnant we are today; here we are before you with our sins. And because of it, no one can survive in your presence."

기도하는 에즈라   구스타프 도레 작

느헤미야기
The Book of Nehemiah

느헤미야 Nehemiah 2:13

이렇게 나는 밤에 '계곡 문'을 나가, '용 샘'을 지나 '거름 문'까지 가면서, 무너진 예루살렘 성벽과 불에 탄 성문들을 살펴보았다.

At night, therefore, leaving by the Valley Gate, I went by way of the Well of Dragon to the Dung Gate; I examined the walls of Jerusalem with their gaps and the burnt-out gates.

예루살렘 폐허를 바라보는 느헤미야   구스타프 도레 작

느헤미야 Nehemiah 4:16

그때에 나는 백성에게 일렀다. "저마다 자기 종을 데리고 예루살렘에 묵으면 서, 밤에는 우리를 위하여 경계를 서고, 낮에는 일하십시오."

Then I spoke to the people again, "Let each man, with his servant, spend the night inside Jerusalem: in this way we can employ the night in watching and the day in working."

성전 벽의 방어   율리우스 슈노르 폰 카롤스펠트 작

느헤미야 Nehemiah 7:66-67

온 회중의 수는 사만 이천 삼백 육십 명이었다. 이 밖에도 그들의 남녀 종이 칠천 삼백 삼십 칠 명이었고, 남녀 성가대가 이백 사십 오 명 있었다.

The whole assembly numbered forty-two thousand three hundred and sixty people, not counting their slaves and maidservants to the number of seven thousand three hundred and thirty-seven. They also had two hundred and forty-five male and female singers.

바빌론을 떠나다   흠정영역성서(1708년, 런던)

느헤미야 Nehemiah 8:3

그는 '물 문' 앞 광장에서, 해 뜰 때부터 한낮이 되기까지 남자와 여자와 알아들을 수 있는 이들에게 그것을 읽어 주었다. 백성은 모두 율법서의 말씀에 귀를 기울였다.

On the square before the Water Gate, in the presence of the men and women, and children old enough to understand, he read from the book from early morning till noon; all the people listened attentively to the Book of the Law.

율법서를 낭독하는 에즈라 · 구스타프 도레 작

느헤미야 Nehemiah 8:17

온 회중, 곧 포로살이를 마치고 돌아온 이들은 이렇게 초막을 만들고 그 안에서 지냈다. 눈의 아들 여호수아 때부터 그날까지 이스라엘 자손들이 그렇게 해 본 적이 없었다. 그래서 그 기쁨이 매우 컸다.

The whole assembly, all who had returned from captivity, put up shelters and lived in them; the sons of Israel had never done such a thing from the days of Joshua son of Nun till the present. And there was great merrymaking.

초막절   흠정영역성서(1708년, 런던)

느헤미야 Nehemiah 13:15

그때에 나는 유다 지방에서 사람들이 안식일에도 술틀을 밟고 곡식 더미를 날라다가 나귀에 실으며, 안식일인데도 포도주와 포도송이와 무화과와 그 밖의 온갖 짐을 예루살렘으로 들여오는 것을 보았다. 그리하여 나는 안식일에 식품을 팔지 말라고 경고하였다.

In those days I saw people in Judah treading winepresses on the sabbath, and others taking sheaves of corn and loading them on donkeys with wine, grapes, figs and every kind of load which they meant to bring into Jerusalem on the sabbath day. I warned them not to sell the foodstuffs.

이집트의 포도즙 짜는 기계

토빗기
The Book of Tobit

토빗 Tobit 3:7-8

바로 그날, 메디아의 엑바타나에 사는 라구엘의 딸 사라도 자기 아버지의 여종들 가운데 한 사람에게서 모욕하는 말을 듣게 되었다. 사라는 일곱 남자에게 시집을 갔지만, 신부와 관련된 관습에 따라 신랑이 사라와 한 몸이 되기도 전에, 아스모대오스라는 악귀가 그 남편들을 죽여 버렸다.

It chanced on the same day that Sarah the daughter of Raguel, who lived in Media at Ecbatana, also heard insults from one of her father's maids. You must know that she had been given in marriage seven times, and that Asmodeus, that worst of demons, had killed her bridegrooms one after another before ever they had slept with her as man with wife.

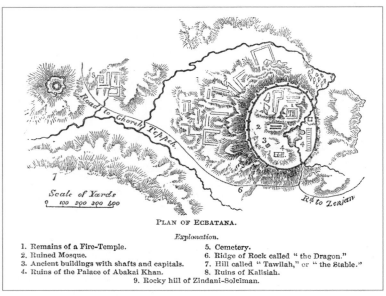

PLAN OF ECBATANA.

Explanation.

1. Remains of a Fire-Temple.
2. Ruined Mosque.
3. Ancient buildings with shafts and capitals.
4. Ruins of the Palace of Abakai Khan.
5. Cemetery.
6. Ridge of Rock called "the Dragon."
7. Hill called "Tawilah," or "the Stable."
8. Ruins of Kalisiah.
9. Rocky hill of Zindani-Soleiman.

엑바타나 지도

토빗 Tobit 5:4

그리하여 토비야는 자기와 함께 메디아로 갈 사람, 길을 익히 아는 사람을 구하러 밖으로 나갔다. 밖으로 나간 토비야는 바로 자기 앞에 서 있는 라파엘 천사를 발견하였다. 그러나 그가 하느님의 천사일 줄은 알지 못하였다.

Tobias went out to look for a man who knew the way to go with him to Medea. Outside he found Raphael the angel standing facing him (though he did not guess he was an angel of God).

토비야와 천사   클로드 로랭 작

토빗 Tobit 5:17

토비야는 길을 떠나려고 집을 나서면서 자기 아버지와 어머니에게 입을 맞추었다. 토빗은 그에게 "건강한 몸으로 다녀오너라." 하고 말하였다.

Tobias left the house to set out and kised his father and mother. Tobit said, "A happy journey!"

헝리 머페레세이 작

집을 떠나는 토비야

그리하여 그 청년 토비야는 천사와 함께 집을 나섰다. 그 집 개도 청년을 따라 집을 나서서 그들과 함께 떠났다. 그 두 사람은 길을 가다가 첫째 날 밤이 되자, 티그리스 강 가에서 야영하기로 하였다.

The boy left with the angel, and the dog followed behind. The two walked on, and when the first evening came they camped beside the Tigris.

토비야와 천사 　　　　　이사야 반 드 벨데 작

토빗 6:3-4

청년은 발을 씻으려고 티그리스 강으로 내려갔다. 그때에 커다란 물고기가 물에서 뛰어올라 청년의 발을 삼키려고 하였다. 청년이 소리를 지르자, 천사가 그에게 "그 물고기를 붙잡고 놓치지 마시오." 하고 말하였다.

1652년경, 렘브란트 작

토비아와 천사

Tobit 6:3-4

The boy had gone down to the river to wash his feet, when a great fish leaped out of the water and all but swallowed his foot. The boy gave a shout and the angel said, "Catch the fish; do not let it go."

티그리스강의 큰 물고기

토빗 Tobit 6:5

그러자 천사가 말하였다. "물고기의 배를 갈라 쓸개와 염통과 간을 빼내어 잘 간수하고 내장은 버리시오. 그 쓸개와 염통과 간은 효험이 좋은 약이라오."

The angel said, " Cut it open; take out the gall, the heart and the liver; set these aside and throw the entrails away, for the gall and heart and liver have curative properties."

물고기 배를 가르다 　　　　　　　　　　　　　　　구스타프 도레 작

토빗 Tobit 11:10-11

토비야가 그에게 마주 갔다. 물고기 쓸개를 손에 든 토비야는 아버지를 붙들고
그 눈에 입김을 불고 나서, "아버지, 용기를 내십시오." 하고 말하였다. 이어서
그 약을 아버지에게 바르고서는 잠시 그대로 두었다.

Tobias came on toward him (he had the fish's gall in his hand). He blew
into his eyes and said, steadying him, "Take courage, father!" With this
he applied the medicine, left it there for a while.

시력을 회복하는 토빗   렘브란트 작

토빗 Tobit 12:15-16

"나는 영광스러운 주님 앞에서 대기하고 또 그분 앞으로 들어가는 일곱 천사 가운데 하나인 라파엘이다." 그러자 충격을 받은 그 두 사람은 얼굴을 땅에 대고 두려워하였다.

"I am Raphael, one of the seven angels who stand ever ready to enter the presence of the glory of the Lord." They were both overwhelmed with awe; they fell on their faces in terror.

라파엘과 토빗 가족   구스타프 도레 작

토빗 12:19-20

"너희가 본 대로 나는 아무 것도 먹지 않았다. 너희는 환시를 보았을 뿐이다.
이제 이 세상에서 주님을 찬미하고 하느님을 찬양하여라. 자, 나는 나를 파견하
신 분께 올라간다. 너희에게 일어난 모든 일을 기록해 두어라." 그리고 나서 라
파엘은 올라갔다.

렘브란트 작

라파엘의 승천

Tobit 12:19-20

"You thought you saw me eating, but that was appearance and no more. Now bless the Lord on earth and give thanks to God. I am about to return to him above who sent me. Write down all that has happened." And he rose in the air.

니니베 마지막 왕 사르다나팔레의 죽후 (기원전 817년)

유딧기
The Book of Judith

유딧 Judith 1:14-15

그리하여 네부카드네자르는 아르팍샷의 성읍들을 차지하고, 엑타바나까지 이르러 그곳의 탑들을 점령하고 시장들을 약탈하여, 엑타바나의 영광을 수치로 바꾸어 버렸다. 또 아르팍샷을 라가우 산악 지방에서 사로잡고서는 자기 창으로 내리 찔러, 그를 완전히 파멸시켜 버렸다.

아시리아의 전차

Judith 1:14-15

He occupied his towns and advanced on Ecbatana; he seized its towers and plundered its market places, reducing its former magnificence to a mockery. He later captured Arphaxad in the mountains of Ragae and, thrusting him through with his spear, destroyed him once and for all.

아시리아의 공수들

유딧 Judith 3:9

그러고 나서 홀로페르네스는 유다의 가파른 산비탈과 마주한 도탄 곁의 이즈
르엘로 가서, 게바와 스키토폴리스 사이에 진을 쳤다. 그리고 자기 군대의 물자
를 모두 모으기 위하여 옹근 한 달을 그곳에 머물렀다.

Thus he reached the edge of Esdraelon, in the neighborhood of Dothan,
a village facing the great ridge of Judaea. He pitched camp between
Geba and Scythopolis and stayed there a full month to replenish his
supplies.

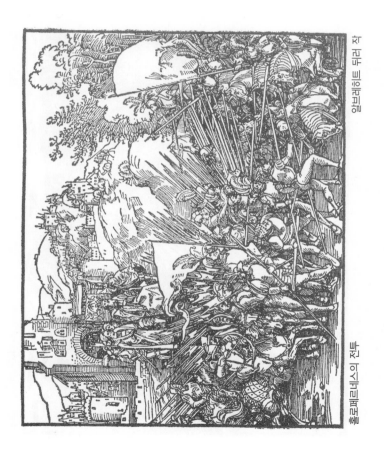

앨브레히트 뒤러 작

홀로페르네스의 전투

유딧 Judith 10:19

그들은 유딧의 아르다움에 경탄하고 또 유딧 때문에 이스라엘 자손들에 관해
서도 경탄하며, 서로 말하였다. "이런 여자들이 있는 저 백성을 누가 얕잡아 볼
수 있겠는가? 저 백성 가운데에서 남자를 하나라도 살려 두는 것은 좋지 않다."
They were immensely impressed by her beauty and impressed with the
Israelites because of her. "Who could despise a people having women
like this?" they kept saying. "Better not leave one man of them alive."

알브레히트 뒤러 작

유딧이 적진에 들어가다

유딧 13:8

힘을 다하여 그의 목덜미를 두 번 내리쳐서 머리를 잘라 내었다.

유딧이 적장의 목을 베다
구스타프 도레 작

Judith 13:8

Twice she struck at the nape of his neck with all her strength and cut off his head.

적장의 목을 벤 유딧   조반니 안토니오 리치니노 작

유딧 Judith 13:8

적장의 목을 벤 유딧   조반니 안토니오 리치니노 작

유딧 Judith 13:15

유딧은 자루에서 머리를 꺼내어 그들에게 보여 주면서 다시 말하였다. "보십시오. 아시리아 군대의 대장군 홀로페르네스의 머리입니다."

She pulled the head out of the bag and held it for them to see. "This is the head of Holofernes, general-in-chief of the Assyrian army."

적장의 머리를 내보이는 유딧   구스타프 도레 작

에스테르기
The Book of Esther

에스테르 Esther 1:1, 5

크세르크세스 시대의 일이다. 이 기간이 끝나자 임금은 지위의 높고 낮음을 가리지 않고 수사 왕성에 있는 모든 백성을 위하여 대궐 정원 앞뜰에서 이레 동안 잔치를 베풀었다.

It was in the days of Ahasuerus. When this period was over, for seven days the king gave a banquet for all the people living in the citadel of Susa, for high and low alike, in the enclosure adjoining the king's palace.

왕궁   흠정영역성서(1708년, 런던)

에스테르 Esther 1:12

그런데 와스티 왕비는 내시들을 통하여 전달된 임금의 분부를 받들어 나오기
를 거절하였다. 임금은 몹시 격분하여 속에서 분노가 타올랐다.

But Queen Vashti refused to come at the king's command delivered by
the eunuchs. The king was very angry at this and his rage grew hot.

왕의 명령에 거역하는 왕비   구스타프 도레 작

에스테르 Esther 2:5-7

그때 수사 왕성에 유다 사람 하나가 있었는데, 그의 이름은 모르도카이였다. 그는 예루살렘에서 끌려온 사람으로서, 바빌론 임금 네부카드네자르가 잡아온 유다 임금 여콘야와 함께 포로로 잡혀온 이들 가운데 하나였다. 그는 자기 삼촌의 딸 하다싸 곧 에스테르를 맡아 키우고 있었다.

Now in the citadel of Susa there lived a Jew called Mordecai who had been deported from Jerusalem among the captives taken away with Jeconiah king of Judah by Nebuchadnezzar king of Babylon. He had brought up Hadassah, otherwise called Esther, his uncle's daughter.

바빌론의 네브카드네자르 왕

에스테르 Esther 2:17

임금은 다른 어떤 여자보다도 에스테르를 사랑하게 되어, 그는 모든 처녀들보다 임금의 귀여움과 총애를 더 많이 받았다. 임금은 에스테르의 머리에 왕관을 씌우고 그를 와스티 대신 왕비로 삼았다.

And the king liked Esther better than any other women; none of the other girls found so much favor and approval with him. So he set the royal diadem on her head and proclaimed her queen instead of Vashti.

왕 앞에 나아간 에스테르   1645–50년경, 렘브란트 작

에스테르 5:1

그가 영광으로 빛나는 얼굴을 들고 지극히 노여운 눈으로 쳐다보자, 왕비는 실신하여 쓰러지면서 창백한 얼굴로, 앞서 가는 시녀의 머리에 몸을 기대었다.

실신하는 에스테르   구스타프 도레 작

Esther 5:1

Raising his face, afire with majesty, he looked on her, blazing with anger. The queen sank down. She grew faint and the color drained from her face, and she leaned her head against the maid who accompanied her.

장 프랑수와 드 트루아 작

실신하는 에스테르

에스테르 6:11

그래서 하만은 그 의복과 말을 내어다가, 모르도카이에게 의복을 입히고 그를
말에 태워 성읍 광장을 돌게 하면서, "임금님께서 영예롭게 하시고자 하는 사
람은 이렇게 된다." 하고 그 앞에서 외쳤다.

렘브란트 작

모르도카이의 영광

Esther 6:11

So taking the robes and the horse, Haman arrayed Mordecai and led him on horseback through the city square, proclaiming before him: "This is the way to treat a man whom the king wishes to honor."

모르도카이의 영광   구스타프 도레 작

에스테르 Esther 7:6

에스테르가 "그 적과 원수는 이 사악한 하만입니다." 하고 대답하자, 하만은 임
금과 왕비 앞에서 경악하였다.

Esther replied, "The persecutor, the enemy? Why, this wretch Haman!"
Haman quaked with terror in the presence of the king and queen.

하만을 규탄하는 에스테르   구스타프 도레 작

에스테르 Esther 7:9-10

그러자 임금이 "그자를 그 위에 매달아라." 하고 명령하였다. 사람들은, 하만이 모르도카이를 노려서 세운 바로 그 말뚝에 그를 매달았다. 그제야 임금의 분노가 가라앉았다.

"Hang him on it," said the king. So Haman was hanged on the gallows which he had erected for Mordecai, and the king's wrath subsided.

목 매달린 하만   알브레히트 뒤러 작

마카베오기 상권
The First Book of Maccabees

1 마카베오 1 Maccabees 1:56-57

율법서는 발견되는 대로 찢어 불태워 버렸다. 계약의 책을 가지고 있다가 들키거나 율법을 따르는 이는 누구든지 왕명에 따라 사형에 처하였다.

Any books of the Law that came to light were torn up and burned. Whenever anyone was discovered possessing a copy of the covenant or practicing the Law, the king's decree sentenced him to death.

안티오코스 왕의 박해   율리우스 슈노르 폰 카롤스펠트 작

1 마카베오 1 Maccabees 2:23-24

그가 이 말을 마쳤을 때, 어떤 유다 남자가 나오더니 모든 이가 보는 앞에서 왕명에 따라 모데인 제단 위에서 희생 제물을 바치려고 하였다. 그것을 본 마타티아스는 열정이 타오르고 심장이 떨리고 의분이 치밀어 올랐다. 그는 달려가 제단 위에서 그자를 쳐죽였다.

As he finished speaking, a Jew came forward in the sight of all to offer sacrifice on the altar in Modein as the royal edict required. When Mattathias saw this, he was fired with zeal; stirred to the depth of his being, he gave vent to his legitimate anger, threw himself on the man and slaughtered him on the altar.

마타티아스가 배교자를 죽이다   구스타프 도레 작

1 마카베오 1 Maccabees 2:27

그리고 나서 마타티아스는 그 성읍에서 "율법에 대한 열정이 뜨겁고 계약을 지지하는 이는 모두 나를 따라나서시오." 하고 큰소리로 외쳤다.

Then Mattathias went through the town, shouting at the top of his voice, "Let everyone who has a fervor for the Law and takes his stand on the covenant come out and follow me."

산으로 피하는 마타티아스

율리우스 슈노르 폰 카롤스펠트 작

1 마카베오 1 Maccabees 2:49-50

마타티아스는 죽을 날이 다가오자 자기 아들들에게 말하였다. "지금은 교만과 냉소가 득세하고 있다. 멸망의 때며 격렬한 분노의 때다. 얘들아, 이제 너희는 율법을 위하여 열성을 다하고 우리 조상들의 계약을 위하여 목숨을 바쳐라."

As the days of Mattathias were drawing to a close, he said to his sons, "Arrogance and outrage are now in the ascendant; it is a period of turmoil and bitter hatred. This is the time, my children, for you to have a burning fervor for the Law and to give your lives for the covenant of our ancestors."

마타티아스의 유언 구스타프 도레 작

1 마카베오 1 Maccabees 5:43

이어서 유다가 적군을 치러 먼저 강을 건너자 모두 그의 뒤를 따라 건넜다. 그
들 앞에서 이민족들은 무너져 무기를 내던지고 카르나임에 있는 신전으로 달
아났다.

He was himself the first across to the enemy side, with all the people
following. Driven before them, the pagans all tore off their armor and
ran for refuge in the sacred precinct of Carnaim.

구스타프 도레 작

적군을 추격하는 유다

1 마카베오 1 Maccabees 5:68

유다는 필리스티아인들의 땅 아스돗으로 방향을 돌렸다. 거기에서 유다는 그들의 제단을 헐고 신상들을 불태워 버렸다. 그리고 여러 성읍에서 전리품을 거두어 가지고 유다 땅으로 돌아왔다.

Judas next turned toward Azotus, a Philistine district; he overthrew their altars, burnt down the carved images of their gods, and withdrew to the land of Judah, leaving their towns utterly despoiled.

아스돗

1 마카베오 6:1-2

안티오코스 임금은 내륙의 여러 지방을 돌아다니다가, 페르시아에 있는 엘리마이스라는 성읍이 은과 금이 많기로 유명하다는 말을 들었다. 그 성읍의 신전은 무척 부유하였다. 거기에는 마케도니아 임금 필리포스의 아들로서 그리스의 첫 임금이 된 알렉산드로스가 남겨 놓은 금 방패와 가슴받이 갑옷과 무기도 있었다.

판화 작

알렉산드로스의 최후

1 Maccabees 6:1-2

Meanwhile King Antiochus was making his way across the upper province; he had heard that in Persia there was a city called Elymais, renowned for its riches, its silver and gold, and its very wealthy temple containing golden armor, breastplates and weapons, left there by Alexander son of Philip, the king of Macedon, the first to reign over the Greeks.

알렉산드로스와 디오게네스   퓌제 작

1 마카베오 1 Maccabees 6:1-2

구스타프 도레 작

알렉산드로스에게 강의하는 아리스토텔레스

1 마카베오 1 Maccabees 6:1-2

알렉산드로스 대왕이 예루살렘 방문 전설

1 마카베오 6:46

그는 코끼리 아래로 들어가 그것을 밑에서 찔러 죽였다. 그러나 코끼리가 자기를 덮치며 땅에 쓰러지는 바람에 그도 그 자리에서 죽었다.

코끼리를 죽인 엘아자르   구스타프 도레 작

1 Maccabees 6:46

He darted in under the elephant, ran his sword into it and killed it. The
beast collapsed on top of him, and he died on the spot.

엘아자르의 코끼리 부대 공격

1 마카베오 10:83-84

기병대도 뿔뿔이 흩어져, 목숨을 구하려고 아스돗으로 달아나 저희 신전인 벳
다곤으로 들어갔다. 요나탄은 아스돗과 그 주변 성읍들을 불태우고 거기에서
전리품을 거둔 다음, 다곤 신전과 그곳으로 피신한 자들을 불로 태워 버렸다.

불타는 다곤 신전   구스타프 도레 작

1 Maccabees 10:83-84

The cavalry scattered over the plain and fled to Azotus, where they entered Beth-Dagon, the temple of their idol, to take shelter there. But Jonathan set fire to Azotus and the surrounding towns, pludered them, and burnt down the temple of Dagon, with all the fugitives who had crowded into it.

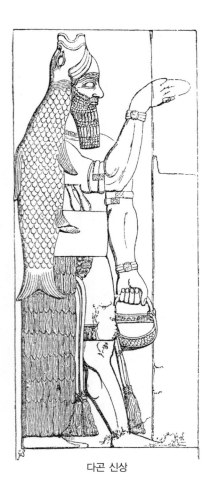

다곤 신상

1 마카베오 1 Maccabees 14:35

그리하여 백성은 시몬의 충성심과, 자기 민족을 영광스럽게 하겠다는 그의 결의를 보고, 그를 자기들의 지도자와 대사제로 모셨다.

The people saw Simon's faith and the glory he had resolved to win for his nation; they made him their leader and high priest.

율리우스 슈노르 폰 카롤스펠트 작

시몬이 대사제가 되다

마카베오기 하권
The Second Book of Maccabees

2 마카베오 2 Maccabees 3:24

헬리오도로스가 호위병들과 함께 금고에 다가갔을 때, 영들과 모든 권세의 지배자께서 장엄한 현현이 이루어지게 하셨다. 그래서 그와 함께 당돌하게 들어선 자들이 이 하느님의 힘에 놀라 넋을 잃고 겁에 질려 버렸다.

He had already arrived with his bodyguard near the Treasury, when the Sovereign of spirits and of every power caused so great an apparition that all who had dared to accompany Heliodorus were dumfounded at the power of God, and were reduced to abject terror.

헬리오도로스에게 징벌이 내리다　　　　　　　구스타프 도레 작

2 마카베오 2 Maccabees 4:13-14

이렇게 사악한 사이비 대사제 야손의 극심한 패륜으로, 그리스화와 이국 풍습의 도입이 극에 달하였다. 그리하여 사제들은 제단에서 봉사하는 일에 열성이 없어져, 성전을 경시하고 희생제물을 바치는 일을 소홀히 하였다. 징이 울리기가 바쁘게 그들은 레슬링 경기장으로 달려가 법에 어긋나는 경기에 참여하였다.

Godless wretch that he was and no true high priest, Jason set no bounds to his impiety; indeed the Hellenizing process reached such a pitch that the priests ceased to show any interest in the services of the altar; scorning the Temple and neglecting the sacrifices, they would hurry to take part in the unlawful exercises on the training ground as soon as the signal was given for the discus.

원반 던지기

2 마카베오 2 Maccabees 5:1-2

그 무렵에 안티오코스가 제이차 이집트 원정을 시도하였다. 그런데 금실로 짠
옷을 입고 창으로 무장한 기병들이 무리를 지어 나타났다. 거의 사십일 동안 도
성 상공에서 이리저리 치닫는 일이 일어났다.

About this time, Antiochus undertook his second expedition against
Egypt. It then happened that all over the city for nearly forty days there
were apparitions of horsemen galloping through the air, in cloth of
gold, troops of lancers fully armed.

하늘의 군대가 나타나다   구스타프 도레 작

2 마카베오 2 Macabees 6:31

이렇게 그는 젊은이들뿐만 아니라 온 민족에게 자기 죽음을 고결함의 모범과 덕의 귀감으로 남기고 죽었다.

This was how he died, leaving his death as an example of nobility and a record of virtue not only for the young but for the great majority of the nation.

엘아자르의 순교

구스타프 도레 작

2 마카베오 2 Maccabees 7:20-21

특별히 그 어머니는 오래 기억될 놀라운 사람이었다. 그는 일곱 아들이 단 하루에 죽어가는 것을 지켜보면서도, 주님께 희망을 두고 있었기 때문에 용감하게 견디어 냈다. 그는 조상들의 언어로 아들 하나하나를 격려하였다.

But the mother was especially admirable and worthy of honorable remembrance, for she watched the death of seven sons in the course of a single day, and endured it resolutely because of her hopes in the Lord. Indeed she encouraged each of them in the language of their ancestors.

어머니와 일곱 아들의 순교   율리우스 슈노르 폰 카롤스펠트 작

2 마카베오 2 Maccabees 7:29

"이 박해자를 두려워하지 말고 형들에게 부끄럽지 않게 죽음을 받아들여라. 그래야 내가 그분의 자비로 네 형들과 함께 너를 다시 맞이하게 될 것이다."

"Do not fear this executioner, but prove yourself worthy of your brothers, and make death welcome, so that in the day of mercy I may receive you back in your brothers' company."

아들을 격려하는 어머니   구스타프 도레 작

2 마카베오 9:1-2

그 무렵 안티오코스는 불명예스럽게 페르시아 지방에서 철수하게 되었다. 그는 페르세폴리스라는 곳으로 들어가 신전을 약탈하고 그 성읍을 장악하려고 하였다. 그러나 사람들이 일어나 무기를 들고 대항하자, 안티오코스는 주민들에게 쫓겨 수치스러운 퇴각을 할 수밖에 없었다.

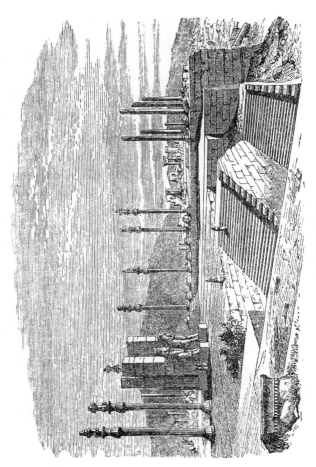

페르세폴리스 폐허

About that time, as it happened, Antiochus had retreated in disorder
from the country of Persia. He had entered the city Persepolis, planning
to rob the temple and occupy the city; but the population at once sprang
to arms to defend themselves, with the result that Antiochus was routed
by the inhabitants and forced to beat a humiliating retreat.

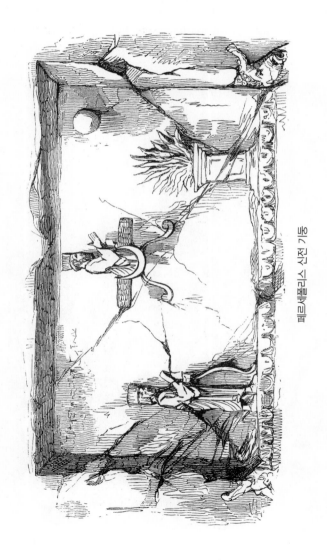

페르세폴리스 신전 기둥

2 마카베오 2 Maccabees 9:7

그러나 그는 오만함을 조금도 버리지 않고, 오히려 더욱 거만해져서 유다인들에게 불같이 화를 내며 더 빨리 가라고 지시하였다. 그러다가 내달리는 병거에서 떨어지고 말았다. 너무 세게 떨어져 몸의 뼈마디가 모두 어긋났다.

Even so he in no way diminished his arrogance; still bursting with pride, breathing fire in his wrath against the Jews, he was in the act of ordering an even keener pace when he suddenly hurtled from his chariot, and the violence of his headlong fall racked every bone in his body.

병거에서 떨어지는 안티오코스   구스타프 도레 작

2 마카베오 2 Maccabees 11:8-9

그들이 아직 예루살렘 근처에 있을 때, 말을 탄 기사가 흰옷을 입고 황금 무기를 휘두르며 그들 앞에 나타났다. 그러자 모든 이가 다 함께 자비하신 주님을 찬양하였다.

They were still near Jerusalem when a rider attired in white appeared at their head brandishing golden accouterments. With one accord they blessed the God of mercy.

구스타프 도레 작

이스라엘을 구하는 천사

2 마카베오 2 Maccabees 13:1-2

백 사십 구 년에 유다와 그의 군사들은 안티오코스 에우파토르가 군대를 거느리고 유다 땅에 쳐들어오는데, 그의 후견인이며 행정을 맡은 리시아스도 함께 온다는 사실을 알게 되었다. 그들이 저마다 보병 십일만 명, 기병 오천삼백 명, 코끼리 스물두 마리, 낫으로 무장한 병거 삼백 대로 이루어진 그리스 군대를 거느리고 온다는 것이었다.

In the year one hundred and forty-nine Judas and his men discovered that Antiochus Eupator was advancing in force against Judaea, and with him Lysias his tutor and vizier; he had moreover a Greek force of one hundred and ten thousand infantry, five thousand three hundred cavalry, twenty-two elephants, and three hundred chariots fitted with scythes.

아시리아 병거

2 마카베오 2 Maccabees 15:26-27

그러나 유다와 그의 군사들은 하느님께 탄원하고 기도하면서 적군에게 맞서 싸웠다. 손으로는 싸우고 마음으로는 하느님께 기도하며, 그들은 삼만 오천 명이 넘는 적군을 쓰러뜨렸다. 그리고 하느님께서 이렇게 당신 모습을 드러내 주신 것을 크게 기뻐하였다.

But the men of Judas closed with the enemy uttering invocations and prayers. Fighting with their hands and praying to God in their hearts, they cut down at least thirty-five thousand men and were greatly cheered by this divine manifestation.

유다인들이 니카노르를 격파하다   구스타프 도레 작

욥기
The Book of Job

욥 Job 1:1, 3

우츠라는 땅에 한 사람이 있었는데, 그의 이름은 욥이었다. 그 사람은 흠이 없고 올곧으며 하느님을 경외하고 악을 멀리하는 이였다. 그 사람은 동방인들 가운데 가장 큰 부자였다.

There was once a man in the land of Uz called Job: a sound and honest man who feared God and shunned evil. This man was indeed a man of mark among all the people of the East.

욥의 가축   흠정영역성서(1708년, 런던)

욥 Job 1:16

"하느님의 불이 하늘에서 떨어져 양 떼와 머슴들을 불살라 버렸습니다. 저 혼자만 살아남아 이렇게 소식을 전해 드립니다."

하느님의 불   흠정영역성서(1708년, 런던)

Job 1:16

"The fire of God," he said, "has fallen from the heavens and burned up all your sheep, and all your shepherds too: I alone escaped to tell you."

욥의 자녀들의 운명   베르나르 반 오를레이 작

그러자 욥이 일어나 겉옷을 찢고 머리를 깎았다. 그리고 땅에 엎드려 말하였다.
"알몸으로 어머니 배에서 나온 이 몸 알몸으로 그리 돌아가리라. 주님께서 주
셨다가 주님께서 가져가시니 주님의 이름은 찬미 받으소서." 이 모든 일을 당
하고도 욥은 죄를 짓지 않고 하느님께 부당한 행동을 하지 않았다.

파멸 소식을 듣는 욥 　　　　　　　　　　　　　　　　　　구스타프 도레 작

Job 1:20-22

Job rose and tore his gown and shaved his head. Then falling to the ground he worshipped and said: "Naked I came from my mother's womb, naked I shall return. Yahweh gave, Yahweh has taken back. Blessed be the name of Yahweh!" In all this misfortune Job committed no sin nor offered any insult to God.

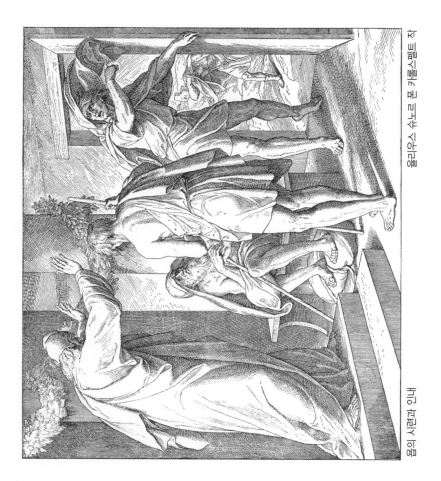

욜리우스 슈노르 폰 카롤스펠트 작

욥이 시련과 인내

욥 Job 2:7-8

이에 사탄은 주님 앞에서 물러 나와, 욥의 발바닥에서 머리 꼭대기까지 고약한 부스럼으로 쳤다. 욥은 질그릇 조각으로 제 몸을 긁으며 잿더미 속에 앉아 있었다.

So Satan left the presence of Yahweh. He struck Job down with malignant ulcers from the sole of his feet to the top of his head. Job took a piece of pot to scrape himself, and went and sat in the ashpit.

종기가 난 욥   흠정영역성서(1708년, 런던)

욥 Job 2:11

욥의 세 친구가 그에게 닥친 이 모든 불행에 대하여 듣고, 저마다 제 고장을 떠나왔다. 그들은 테만 사람 엘리파즈와 수아 사람 빌닷과 나아마 사람 초바르였다. 그들은 욥에게 가서 그를 위안하고 위로하기로 서로 약속하였다.

The news of all the disasters that had fallen on Job came to the ears of three of his friends. Each of them set out from home —Eliphaz of Teman, Bildad of Shuah and Zophar of Naamath—and by common consent they decided to go and offer him sympathy and consolation.

욥과 그의 친구들   구스타프 도레 작

욥 Job 4:10-11

"사자의 포효, 새끼 사자의 울부짖음도 그치고 힘센 사자의 이빨도 부러진다네. 수사자는 사냥 거리 없이 스러져 가고 암사자의 새끼들은 흩어져 버린다네."

"The lion's roar, his savage growls, like the fangs of lion cubs are broken off. For lack of prey the lion dies at last, and the whelps of his lioness are scattered."

암사자와 수사자　　　　　흠정영역성서(1708년, 런던)

♰ Job 4:16

"누군가 서 있는데 나는 그 모습을 알아볼 수 없었지. 그러나 그 형상은 내 눈앞에 있었고 나는 이렇게 속삭이는 소리를 들었다네."

"Someone stood there—I could not see his face, but the form remained before me. Silence—and then I heard a Voice.

엘리파즈가 본 형상　　　　　흠정영역성서(1708년, 런던)

욥 Job 4:19-20

"하물며 토담집에 사는 자들 먼지에 바탕을 둔 자들이야! 그들은 좀 벌레처럼 으스러져 버린다. 하루해를 넘기지 못하고 부스러져 눈길을 끌 새도 없이 영원히 스러진다."

"What then of those who live in houses of clay, who are founded on dust? They are crushed as easily as a moth, one day is enough to grind them to powder. They vanish for ever, and no one remember them."

사람은 먼지다   흠정영역성서(1708년, 런던)

욥 Job 6:5-6

"풀이 있는데 들나귀가 울겠는가? 꼴이 있는데 소가 부르짖겠는가? 간이 맞지 않는 것을 소금 없이 어찌 먹겠으며 달걀 흰자위가 무슨 맛이 있겠는가?"

"Does a wild donkey bray when it finds soft grass, or an ox ever low when its fodder is in reach? Can tasteless food be taken without salt, or is there flavor in the white of an egg?"

들나귀와 소 　　　　　　　　　　　흠정영역성서(1708년, 런던)

"습지가 없는데 왕골이 솟아나고 물이 없는데 갈대가 자라나겠는가? 아직 어
린 싹이라 벨 때가 아닌데도 그것들은 온갖 풀보다 먼저 말라 버릴 것이네."

"Does papyrus flourish, except in marshes? Without water, can the
rushes grow? Pluck them even at their freshest: fastest of all plants they
wither."

갈대   흠정영역성서(1708년, 런던)

욥 Job 8:13-14

"하느님을 잊은 모든 자의 길이 이러하고 불경스런 자의 소망은 무너져 버린다네. 그의 자신감은 꺾이고 그의 신뢰는 거미집이라네."

"Such is the fate of all who forget God; so perished the hope of the godless man. His trust is only a thread, his assurance a spider's web."

악인의 운명   흠정영역성서(1708년, 런던)

"당신 혼자 하늘을 펼치시고 바다의 등을 밟으신 분. 큰곰자리와 오리온자리, 묘성과 남녘의 별자리를 만드신 분. 측량할 수 없는 위업들과 헤아릴 수 없는 기적들을 이루시는 분."

"He and no other stretched out the skies, and trampled the Sea's tall waves. The Bear, Orion too, are of his making, the Pleiades and the Mansions of the South. His works are great, beyond all reckoning, his marvels, past all counting."

하늘을 만드신 하느님   흠정영역성서(1708년, 런던)

욥 Job 10:8-9

"당신께서는 손수 저를 빚어 만드시고서는 이제 생각을 바꾸시어 저를 파멸시키려 하십니다. 당신께서 저를 진흙으로 빚어 만드셨음을 기억하십시오. 그런데 이제 저를 먼지로 되돌리려 하십니다."

"Your own hands shaped me, modeled me; and would you now have second thoughts, and destroy me? You modeled me, remember, as clay is modeled, and would you reduce me now to dust?"

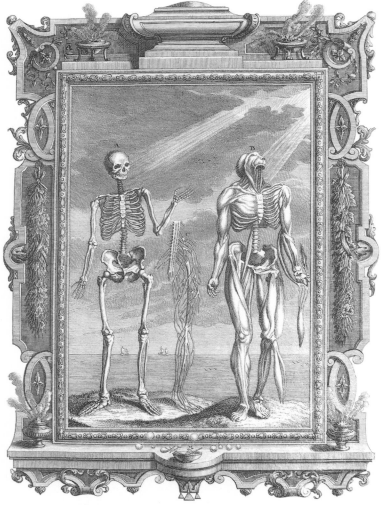

다시 먼지로 돌아가다   흠정영역성서(1708년, 런던)

"정녕 그분께서는 거짓된 인간들을 아시는데 그들의 죄악을 보시면서 알아내지 못하신단 말인가? 미련한 사람이 깨치게 되는 것은 들나귀 새끼가 사람으로 태어나는 것과 같다네."

"For he detects the worthlessness in man, he sees iniquity and marks it well. And so the idiot grows wise, thus a young wild donkey grows tame."

들나귀   흠정영역성서(1708년, 런던)

욥 Job 12:7-8

"그러나 이제 짐승들에게 물어보게나. 그것들이 자네를 가르칠 걸세. 하늘의 새들에게 물어보게나. 그것들이 자네에게 알려 줄 걸세. 아니면 땅에다 대고 말해 보게. 그것이 자네를 가르치고 바다의 물고기들도 자네에게 이야기해 줄 걸세."

새들에게 물어보라   흠정영역성서(1708년, 런던)

Job 12:7-8

"If you would learn more, ask the cattle, seek information from the birds of the air. The creeping things of earth will give you lessons, and the fishes of the sea will tell you all."

물고기들에게 물어보라   흠정영역성서(1708년, 런던)

☙ Job 14:7-9

"나무에게도 희망이 있습니다. 잘린다 해도 움이 트고 싹이 그치지 않습니다. 그 뿌리가 땅속에서 늙는다 해도 그 그루터기가 흙 속에서 죽는다 해도 물기를 느끼면 싹이 트고 묘목처럼 가지를 뻗습니다."

"There is always hope for a tree; when felled, it can start its life again; its shoots continue to sprout. Its roots may be decayed in the earth, its stump withering in the soil, but let it scent the water, and it buds, and puts out branches like a plant new set."

나무는 희망이 있다   흠정영역성서(1708년, 런던)

욥 Job 19:8-9

"내가 지나갈 수 없게 그분께서 내 길에 담을 쌓으시고 내 앞길에 어둠을 깔아 놓으셨네. 나에게서 명예를 빼앗으시고 내 머리의 관을 치워 버리셨다네."

"He has built a wall across my path which I cannot pass, and covered my way with darkness. He has stolen my honor away, and taken the crown from my head."

욥의 한탄   율리우스 슈노르 폰 카롤스펠트 작

욥 20:14

"그의 음식은 내장 속에서 썩어 배 속에서 살무사의 독으로 변한다네. 그는 집어삼켰던 재물을 토해내야 하니 하느님께서 그것을 그의 배 속에서 밀어내시기 때문이지."

코브라

Job 20:14

"Such food goes bad in his belly, working inside him like the poison of a viper. Now he must bring up all the wealth that he has swallowed, God makes him disgorge it."

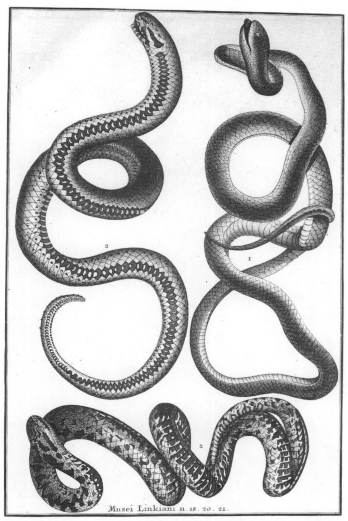

뱀

흠정영역성서(1708년, 런던)

욥 Job 24;1, 4

"어찌하여 전능하신 분께서는 시간이 없단 말인가? 어찌하여 그분을 아는 이들이 그분의 날을 보지 못하는가? 가난한 이들을 길에서 내쫓으니 이 땅의 가련한 이들은 죄다 숨을 수밖에."

"Why has not Shaddai his own store of times, and why do his faithful never see his Days? Beggars, now, avoid the roads, and all the poor of the land must go into hiding."

전능하신 분의 번개   흠정영역성서(1708년, 런던)

욥 24:18

"그는 삽시간에 물 위로 떠내려가고 그의 토지는 이 땅에서 저주를 받아 그는
포도밭 가는 길에 들어서지도 못하네."

폭포   흠정영역성서(1708년, 런던)

Job 24:18

"Headlong he flees from daylight, he shrinks from the road which run on the heights. The land of his home are under a curse."

계곡의 급류   얀 라우스다엘 작

✝ Job 27:5-6

"죽기까지 나의 흠 없음을 포기하지 않겠네. 나의 정당함을 움켜쥐고 놓지 않으며, 내 양심은 내 생애 어떤 날도 부끄러워하지 않으리라."

"I will maintain my innocence to my dying day. I take my stand on my integrity, I will not stir: my conscience gives me no cause to blush for my life."

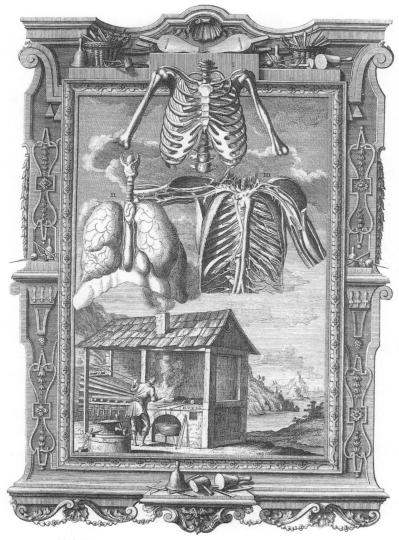

삶과 죽음   흠정영역성서(1708년, 런던)

✡ Job 28:18-19

"산호와 수정도 말할 나위 없으니 지혜의 값어치는 진주보다 더하네. 에티오피아의 황옥도 그와 같을 수 없으며 순금으로도 그것을 살 수 없다네."

"Nor is there need to mention coral, nor crystal; beside wisdom, pearls are not worth the fishing. Topaz from Cush is worthless in comparison, and gold, even refined, is valueless."

광산   흠정영역성서(1708년, 런던)

욥 29:18-20

"내 보금자리에서 눈을 감고 내가 살 날을 모래알처럼 많게 하리라. 내 뿌리는
물가로 뻗어 내 가지에서는 이슬이 밤을 새우리라. 내 명예는 나와 함께 늘 새
롭고 내 손의 활은 젊음을 유지하리라."

장수의 상징인 불사조　　　　　흠정영역성서(1708년, 런던)

Job 29:18-20

"I shall die in honor, my days like a palm tree's for number. My roots thrust out to the water, my leaves freshened by the falling dew at night. My reputation will never fade, and the bow in my hands will gain new strength."

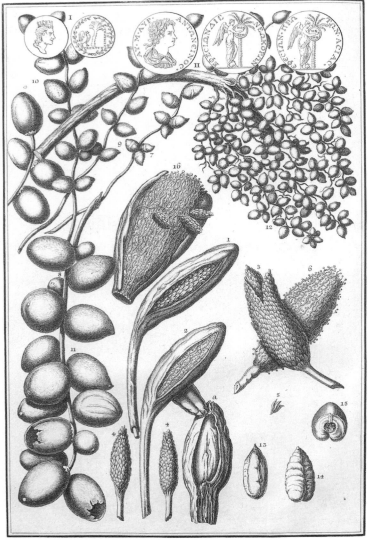

대추야자   흠정영역성서(1708년, 런던)

욥 30:3-4

"가난과 굶주림으로 바싹 야윈 채 메마른 땅을, 황폐하고 황량한 광야를 갉아
먹는 그들. 덤불 가에서 짠 나물을 캐고 싸리나무 뿌리가 그들의 양식이라네."

가난한 사람들　　　　　　　　흠정영역성서(1708년, 런던)

Job 30:3-4

"They used to gnaw the roots of the desert plants, and brambles from abandoned ruins; and plucked mallow, and brushwood leaves, making their meals off roots of broom."

가난한 사람들　　　　흠정영역성서(1708년, 런던)

욥 30:29-31

"나는 승냥이들의 형제요 타조들의 벗이 된 채 살갗은 까맣게 벗겨지고 뼈는
열기로 타오르네. 내 비파는 애도의 소리가 되고 내 피리는 곡하는 이들의 소리
가 되었네."

승냥이와 사냥꾼 　　　　　　　　흠정영역성서(1708년, 런던)

Job 30:29-31

"I have become the jackal's brother and the ostrich's companion. My skin has turned black on me, my bones are burned with fever. My harp is turned to funeral wails, my flute to the voice of mourners."

타조와 올빼미   흠정영역성서(1708년, 런던)

욥 Job 38:4, 6

"내가 땅을 세울 때 너는 어디 있었느냐? 네가 그렇게 잘 알거든 말해 보아라.
그 주춧돌은 어디에 박혔느냐? 또 누가 그 모퉁잇돌을 놓았느냐?"

"Where were you when I laid the earth's foundations? Tell me, since
you are so well informed! What supports its pillars at their bases? Who
laid its cornerstone?"

땅의 기초   흠정영역성서(1708년, 런던)

욥 Job 38:22-23

"너는 눈 곳간에 들어간 적이 있으며 우박 곳간을 본 적이 있느냐? 내가 환난의 때와 동란과 전쟁의 날을 위하여 저장해 둔 것들을?"

"Have you ever visited the place where the snow is kept, or seen where the hail is stored up, which I keep for the times of stress, for days of battle and war?"

눈 곳간   흠정영역성서(1708년, 런던)

욥 Job 38:31-32

"너는 묘성을 끈으로 묶을 수 있느냐? 또 오리온자리를 매단 밧줄을 풀 수 있느냐? 너는 별자리들을 제시간에 이끌어내고 큰곰자리를 그 아기별들과 함께 인도할 수 있느냐?"

"Can you fasten the harness of the Pleiades, or untie Orion's bands? Can you guide the morning star season by season and show the Bear and its cubs which way to go?"

묘성   흠정영역성서(1708년, 런던)

욥 39:26-27

"네 슬기로 매가 날아오르고 남녘을 향해 그 날개를 펴느냐? 또 네 명령에 따라 독수리가 치솟고 높은 곳에 둥지를 트느냐?"

물수리   흠정영역성서(1708년, 런던)

Job 39:26-27

"Does the hawk take flight on your advice when he spreads his wings to travel south? Does the eagle soar at your command to make her eyrie in the heights?"

솔개   흠정영역성서(1708년, 런던)

욥 Job 40:15

"보아라, 내가 너를 만들 때 함께 만든 브헤못을! 그것은 소처럼 풀을 뜯고 있다. 보아라, 그 허리의 힘을, 그 배의 근육을."

"Now think of Behemoth; he eats greenstuff like the ox. But what strength he has in his loins, what power in his stomach muscles!"

브헤못   흠정영역성서(1708년, 런던)

욥 Job 40:25

"너는 갈고리로 레비아탄을 낚을 수 있으며 줄로 그 혀를 내리누를 수 있느냐?"

"Leviathan, too! Can you catch him with a fishhook or run a line around his tongue?"

레비아탄   흠정영역성서(1708년, 런던)

욥 Job 41:5

"누가 그것의 겉옷을 벗길 수 있느냐? 누가 그 겹 갑옷을 꿰뚫을 수 있느냐?"

"Who can unloose the front of his coat or pierce the double armor of his breastplate?"

레비아탄   흠정영역성서(1708년, 런던)

욥 Job 42:10

욥이 제 친구들을 위하여 기도드리자, 주님께서는 그의 운명을 되돌리셨다. 주
님께서는 욥이 전에 소유하였던 것을 갑절로 더해 주셨다.

Yahweh restored Job's fortunes, because he had prayed for his friends.
More than that, Yahweh gave him double what he had before.

율리우스 슈노르 폰 카롤스펠트 작

주님의 축복을 받은 욥

욥 Job 42:16-17

그 뒤 욥은 백사십 년을 살면서, 사 대에 걸쳐 자식과 손자들을 보았다. 이렇게
욥은 늘그막까지 수를 다하고 죽었다.

After his trials, Job lived on until he was a hundred and forty years old,
and saw his children and his children's children up to the fourth
generation. Then Job died, an old man and full of days.

욥의 행복한 노년기   흠정영역성서(1708년, 런던)

시편
The Book of Psalms

시편 Psalms 1:1, 3

행복하여라! 악인들의 뜻에 따라 걷지 않고 죄인들의 길에 들지 않으며 오만한
자들의 자리에 앉지 않는 사람. 그는 시냇가에 심겨 제때에 열매를 내며 잎이
시들지 않는 나무와 같아 하는 일마다 잘 되리라.

Happy the man who never follows the advice of the wicked, or loiter on
the way that sinners take, or sits about with scoffers. He is like a tree
that is planted by water streams, yielding its fruit in season, its leaves
never fading; success attends all he does.

시냇가의 나무   흠정영역성서(1708년, 런던)

시편 Psalms 8:4-5

인간이 무엇이기에 이토록 기억해 주십니까? 사람이 무엇이기에 이토록 돌보아 주십니까? 신보다 조금만 못하게 만드시고 영광과 존귀의 관을 씌워 주셨습니다.

Ah, what is man that you should spare a thought for him, the son of man that you should care for him? Yet you have made him little less than a god, you have crowned him with glory and splendor.

유한한 목숨 　　　　　흠정영역성서(1708년, 런던)

시편 Psalms 12:6

주님의 말씀은 순수한 말씀, 흙 도가니 속에서 일곱 번이나 정제된 순은이러라.
The words of Yahweh are without alloy, nature's silver coming from
the earth seven times refined.

은의 정제

흠정영역성서(1708년, 런던)

시편 Psalms 15:2-3

흠 없이 걸어가고 의로운 일을 행하며 마음속으로 진실을 말하는 이. 혀로 비방하러 쏘다니지 않고 제 친구에게 악을 행하지 않으며 제 이웃에게 모욕을 주지 않는 이라네.

The man whose way of life is blameless, who always does what is right, who speaks the truth from his heart, whose tongue is not used to slander, who does no wrong to his fellow, casts no discredit on his neighbor.

이웃 사람들   흠정영역성서(1708년, 런던)

시편 Psalms 19:1-2

하늘은 하느님의 영광을 이야기하고 창공은 그분 손의 솜씨를 알리네. 낮은 낮
에게 말을 건네고 밤은 밤에게 지식을 전하네.

The heavens declare the glory of God, the vault of heaven proclaims his
handiwork; day discourses of it to day, night to night hands on the
knowledge.

하느님의 영광 　　　　　흠정영역성서(1708년, 런던)

시편 Psalms 19:9-10

주님을 경외함은 순수하니 영원히 이어지고 주님의 법규들은 진실이니 모두가
의롭네. 금보다, 많은 순금보다 더욱 보배로우며 꿀보다 생청보다 더욱 달다네.

The fear of Yahweh is pure, lasting for ever; the judgments of Yahweh
are true, righteous, every one, more desirable than gold, even than the
finest gold; his words are sweeter than honey, even than honey that
drips from the comb.

생청 　　　　　　　　흠정영역성서(1708년, 런던)

시편 22:20-21

저의 생명을 칼에서, 저의 목숨을 개들의 발에서 구하소서. 사자의 입에서, 들
소의 뿔에서 저를 살려 내소서.

생명의 위험   흠정영역성서(1708년, 런던)

Psalms 22:20-21

Rescue my soul from the sword, my dear life from the paw of the dog,
save me from the lion's mouth, my poor soul from wild bulls' horns!

계곡의 나무다리   알데르트 반 에베르딩헨 작

시편 29:7-9

주님의 소리가 불꽃을 내뿜으며 주님의 소리가 사막을 뒤흔드네. 주님께서 카
데스 사막을 뒤흔드시네. 주님의 소리가 암사슴들을 몸서리치게 하고 숲들을
벌거숭이로 만드니 그분 궁전에서 모두 외치네. "영광이여!"

주님의 소리   흠정영역성서(1708년, 런던)

Psalms 29:7-9

The voice of Yahweh sharpens lightning shafts! The voice of Yahweh sets the wilderness shaking. Yahweh shakes the wilderness of Kadesh. The voice of Yahweh sets the terebinths shuddering, stripping the forests bare. The God of glory thunders. In his palace everything cries, "Glory!"

뿔이 긴 사슴   흠정영역성서(1708년, 런던)

시편 33:13-15

주님께서는 하늘에서 살피시며 모든 사람을 바라보신다. 당신 머무시는 곳에
서 굽어보신다, 땅에 사는 모든 이들을. 그들의 마음을 다 빚으시고 그들의 모
든 행위를 헤아리시는 분이시다.

사람의 마음   흠정영역성서(1708년, 런던)

Psalms 33:13-15

Yahweh looks down from heaven, he sees the whole human race; from where he sits he watches all who live on the earth, he who molds every heart and takes note of all men do.

사람의 마음   흠정영역성서(1708년, 런던)

시편 Psalms 37:1-2

너는 악을 저지르는 자들 때문에 격분하지 말고 불의를 일삼는 자들 때문에 흥분하지 마라. 그들은 풀처럼 삽시간에 스러지고 푸성귀처럼 시들어 버린다.

Do not worry about the wicked, do not envy those who do wrong. Quick as the grass they wither, fading like the green in the field.

풀과 채소   흠정영역성서(1708년, 런던)

시편 Psalms 37:35-36

나는 악인이 폭력을 휘두르며 푸른 월계수처럼 뻗어 감을 보았다. 그러나 그는 지나자마자 이내 사라져 나 그를 찾아보았으나 눈에 띄지 않았다.

I have seen the wicked in his triumph towering like a cedar of Lebanon, but when next I passed, he was not there, I looked for him and he was nowhere to be found.

월계수   흠정영역성서(1708년, 런던)

시편 Psalms 39:5-6

"보소서, 당신께서는 제가 살 날들을 몇 뼘 길이로 정하시어 제 수명 당신 앞에
서는 없는 것과 같습니다. 사람은 모두 한낱 입김으로 서 있을 뿐. 인간은 한낱
그림자로 지나가는데 부질없이 소란만 피우며 쌓아 둡니다. 누가 그것들을 거
두어 갈지 알지도 못한 채."

"Look, you have given me an inch or two of life, my life-span is
nothing to you; each man that stands on earth is only a puff of wind,
every man that walks, only a shadow, and the wealth he amasses is only
a puff of wind—he does not know who will take it next."

죽음이 닥치다   흠정영역성서(1708년, 런던)

시편 Psalms 39:11

당신께서는 죗값으로 인간을 벌하시어 좀 벌레처럼 그의 보배를 사그라뜨리시니 사람은 모두 한낱 입김일 따름입니다.

You punish man with the penalties of sin, like a moth you eat away all that gives him pleasure—man is indeed only a puff of wind!

인생이란 헛되다   흠정영역성서(1708년, 런던)

시편 Psalms 42:1

암사슴이 시냇물을 그리워하듯, 하느님, 제 영혼이 당신을 이토록 그리워합니다.
As a doe longs for running streams, so longs my soul for you, my God.

사슴　　　　　　　　　　　흠정영역성서(1708년, 런던)

시편 50:9-10

"나는 네 집에 있는 수소도, 네 우리에 있는 숫염소도 받지 않는다. 숲 속의 모든 동물이며 수천 산들의 짐승이 내 것이기 때문이다."

모든 것은 하느님의 것   흠정영역성서(1708년, 런던)

Psalms 50:9-10

"I do not claim one extra bull from your homes, nor one extra goat from your pens, since all the forest animals are already mine, and the cattle on my mountains in their thousands."

산염소   흠정영역성서(1708년, 런던)

시편 Psalms 50:9-10

산영양   흠정영역성서(1708년, 런던)

시편 Psalms 51:3-4

저의 죄악을 제가 알고 있으며 저의 잘못이 늘 제 앞에 있습니다. 당신께, 오로 지 당신께 잘못을 저지르고 당신 눈에 악한 짓을 제가 하였기에 판결을 내리시 더라도 당신께서는 의로우시고 심판을 내리시더라도 당신께서는 결백하시리 이다.

For I am well aware of my faults, I have my sin constantly in mind, having sinned against none other than you, having done what you regard as wrong. You are just when you pass sentence on me, blameless when you are giving judgment.

울라우스 슈노르 폰 카롤스펠트 작

다윗의 회개

시편 51:16-17

당신께서는 제사를 즐기지 않으시기에 제가 번제를 드려도 당신 마음에 들지 않으시리이다. 하느님께 맞갖은 제물은 부서진 영. 부서지고 꺾인 마음을 하느님, 당신께서는 업신여기지 않으십니다.

다윗의 간청   율리우스 슈노르 폰 카롤스펠트 작

Psalms 51:16-17

Sacrifice gives you no pleasure, were I to offer holocaust, you would not have it. My sacrifice is this broken spirit, you will not scorn this crushed and broken heart.

기도하는 다윗   알브레히트 뒤러 작

시편 Psalms 58:3-4

악인들은 어미 배에서부터 변절하고 거짓말쟁이들은 어미 품에서부터 빗나간
다. 그들은 뱀과 같은 독을 지녔다.

Right from the womb these wicked men have gone astray, these double
talkers have been in error since their birth; their poison is the poison of
the snake.

독사   흠정영역성서(1708년, 런던)

시편 58:6-8

하느님, 그들 입 안의 이를 부수소서. 주님, 사자들의 이빨을 부러뜨리소서. 흘러내리는 물처럼 그들은 사라지고 그들이 화살을 당긴다 해도 무디어지게 하소서. 녹아내리는 달팽이처럼, 햇빛을 못 보는, 유산된 태아처럼 되게 하소서.

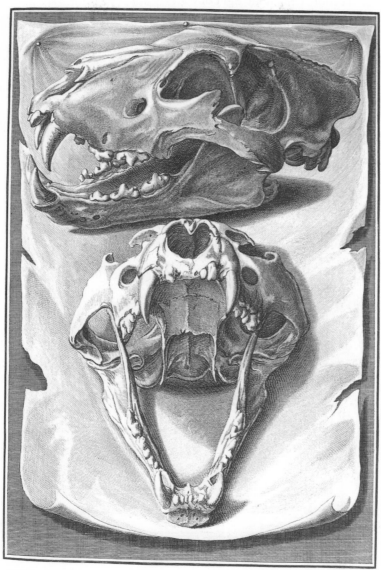

어금니   흠정영역성서(1708년, 런던)

Psalms 58:6-8

God, break their teeth in their mouths, Yahweh, wrench out the fangs of these savage lions! May they drain away like water running to waste, may they wither like trodden grass, like a slug that melts as it moves, like an abortion, denied the light of day!

달팽이　　　　　　　　　　흠정영역성서(1708년, 런던)

시편 Psalms 65:4

행복합니다, 당신께서 뽑아 가까이 오도록 하신 이! 그는 당신의 뜰 안에 머물리
이다. 저희도 당신 집의 좋은 것을, 거룩한 당신 궁전의 좋은 것을 누리리이다.

Happy the man you choose, whom you invite to live in your court. Fill
us with the good things of your house, of your holy Temple.

주님의 축복   흠정영역성서(1708년, 런던)

시편 Psalms 68:2

연기가 흩날리듯 그들은 흩날려 가고 초가 불 앞에서 녹아내리듯 악인들이 하느님 앞에서 멸망해 간다.

As smoke disperses, they disperse; as wax melts when near the fire, so the wicked perish when God approaches.

악인들의 멸망   흠정영역성서(1708년, 런던)

시편 Psalms 74:12-13

그러나 하느님은 예로부터 저의 임금님, 세상 한가운데서 구원을 이루시는 분!
당신께서는 바다를 당신 힘으로 뒤흔드시고 물 위에서는 용들의 머리를 부수
셨습니다.

Yet, God, my king from the first, author of saving acts throughout the
earth, by your power you split the sea in two, and smashed the heads of
monsters on the waters.

거대한 물고기 흠정영역성서(1708년, 런던)

시편 Psalms 80:12-13

어찌하여 당신께서는 그 울타리들을 부수시어 길 가는 사람마다 그것을 잡아
꺾게 하셨습니까? 숲에서 나온 멧돼지가 먹어 치우고 들짐승이 뜯어 먹습니다.
Why have you destroyed its fences? Now anyone can go and steal its
grapes, the forest boar can ravage it and wild animals eat it.

멧돼지   흠정영역성서(1708년, 런던)

시편 89:11-12

하늘도 당신의 것, 땅도 당신의 것, 누리와 그 안에 가득 찬 것도 당신께서 지으
셨습니다. 북녘과 남녘을 당신께서 만드시니 타보르와 헤르몬이 당신 이름에
환호합니다.

헤르몬 산

Psalms 89:11-12

The heavens are yours and the earth is yours, you founded the world and all it holds. You created north and south; Tabor and Hermon hail your name with joy.

산에 올라서 본 다라스 산

시편 91:3-4

그분께서 새잡이의 그물에서 위험한 흑사병에서 너를 구하여 주시리라. 당신
깃으로 너를 덮으시어 네가 그분 날개 밑으로 피신하리라.

흑사병의 희생자들   흠정영역성서(1708년, 런던)

Psalms 91:3-4

He rescues you from the snares of fowlers hoping to destroy you; he covers you with his feathers, and you find shelter underneath his wings.

메스티

시편 Psalms 92:1-3

주님을 찬송함이 좋기도 합니다. 지극히 높으신 분이시여, 당신 이름에 찬미 노래 부름이 좋기도 합니다. 아침에는 당신의 자애를, 밤에는 당신의 성실을 알림이 좋기도 합니다, 십현금과 수금에 맞추어 비파 가락에 맞추어.

It is good to give thanks to Yahweh, to play in honor of your name, Most High, to proclaim your love at daybreak and your faithfulness all through the night to the music of the zither and lyre, to the rippling of the harp.

다윗의 감사의 노래   율리우스 슈노르 폰 카롤스펠트 작

시편 94:9-11

귀를 심으신 분께서 듣지 못하신단 말이냐? 눈을 빚으신 분께서 보지 못하신단 말이냐? 민족들을 징계하시는 분께서 벌하지 않으신단 말이냐? 사람들을 가르치시는 분께서 지식이 없단 말이냐? 주님께서는 알고 계시다, 사람들의 생각을, 그들은 입김일 뿐임을.

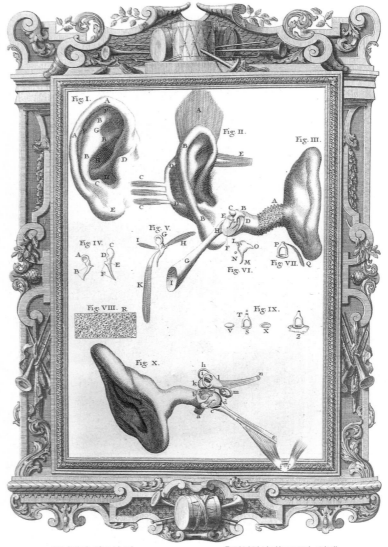

주님께서 심으신 귀   흠정영역성서(1708년, 런던)

Psalms 94:9-11

Is the inventor of the ear unable to hear? The creator of the eye unable to see? The punisher of the pagans unable to punish? Yahweh the teacher of mankind knows exactly how men think, how their thoughts are a puff of wind.

주님께서 빚으신 눈   흠정영역성서(1708년, 런던)

시편 Psalms 103:2, 6

내 영혼아, 주님을 찬양하여라. 그분께서 해 주신 일 하나도 잊지 마라. 주님께
서는 정의를 실천하시고 억눌린 이들 모두에게 공정을 베푸신다.

Bless Yahweh, my soul, and remember all his kindness. Yahweh, who
does what is right, is always on the side of the oppressed.

율리우스 슈노르 폰 카롤스펠트 작

다윗의 찬미의 노래

시편 Psalms 104:1-3

주 저의 하느님, 당신께서는 지극히 위대하십니다. 고귀와 영화를 입으시고 빛을 겉옷처럼 두르셨습니다. 하늘을 차일처럼 펼치시고 물 위에 당신의 거처를 세우시는 분.

Bless Yahweh, my soul. Yahweh my God, how great you are! Clothed in majesty and glory, wrapped in a robe of light! You stretch the heavens out like a tent, you build your palace on the waters above.

하늘의 영광   흠정영역성서(1708년, 런던)

시편 Psalms 104:7-9

당신의 꾸짖으심에 물이 도망치고 당신의 천둥소리에 놀라 달아났습니다. 당신께서 마련하신 자리로 산들은 솟아오르고 계곡들은 내려앉았습니다. 당신께서 경계를 두시니 물이 넘지 않고 땅을 덮치러 돌아오지도 않습니다.

At your reproof the waters took to flight, they fled at the sound of your thunder, cascading over the mountains, into the valleys, down to the reservoir you made for them; you imposed the limits they must never cross again, or they would once more flood the land.

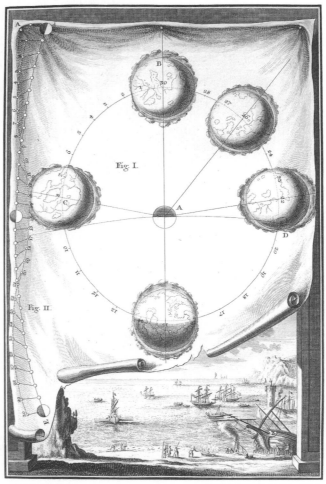

바다와 땅의 경계   흠정영역성서(1708년, 런던)

시편 Psalms 104:20-21

당신께서 어둠을 드리우시면 밤이 되어 숲의 온갖 짐승들이 우글거립니다. 사
자들은 사냥 거리 찾아 울부짖으며 하느님께 제 먹이를 청합니다.

You bring darkness on, night falls, all the forest animals come out:
savage lions roaring for their prey, claiming their food from God.

밤   흠정영역성서(1708년, 런던)

시편 104:24-26

세상이 당신의 조물들로 가득합니다. 저 크고 넓은 바다에는 수없이 많은 동물들이, 크고 작은 생물들이 우글거립니다. 그곳에 배들이 돌아다니고 당신께서 만드신 레비아탄이 노닙니다.

바다 생물   흠정영역성서(1708년, 런던)

Psalms 104:24-26

Earth is completely full of things you have made: among them vast expanse of ocean, teeming with countless creatures, creatures large and small, with the ships going to and fro and Leviathan whom you made to amuse you.

바다 생물   흠정영역성서(1708년, 런던)

시편 Psalms 104:24-26

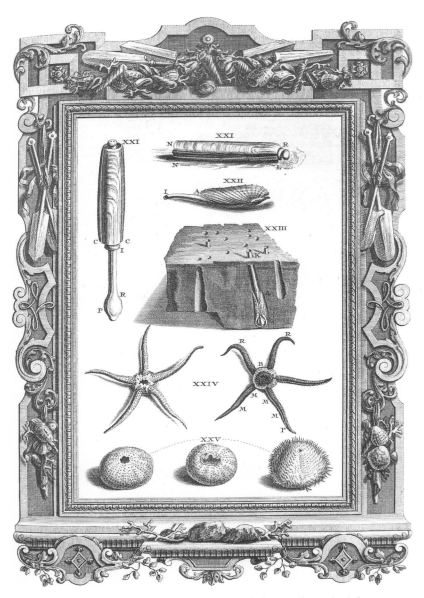

바다 생물 　　　　　　흠정영역성서(1708년, 런던)

시편 Psalms 107: 1-3

주님을 찬송하여라, 선하신 분이시다. 주님의 자애는 영원하시다. 이렇게 말하
여라, 주님께 구원받은 이들, 그분께서 원수의 손에서 구원하신 이들, 뭇 나라
에서, 해 뜨는 곳과 해 지는 곳에서, 북녘과 남녘에서 모아들이신 이들은 말하
여라.

Give thanks to Yahweh, for he is good, his love is everlasting: let these
be the words of Yahweh's redeemed, those he has redeemed from the
oppressor's clutches, by bringing them home from foreign countries,
from east and west, from north and south.

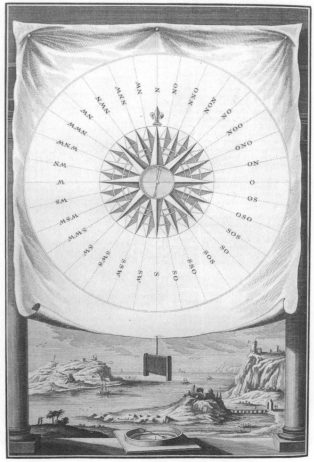

동서남북   흠정영역성서(1708년, 런던)

시편 Psalms 107:28-30

이 곤경 속에서 그들이 주님께 부르짖자 난관에서 그들을 빼내주셨다. 광풍을 순풍으로 가라앉히시니 파도가 잔잔해졌다. 바다가 잠잠해져 그들은 기뻐하고 그분께서는 그들을 원하는 항구로 인도해 주셨다.

Then they called to Yahweh in their trouble and he rescued them from their sufferings, reducing the storm to a whisper until the waves grew quiet, bringing them, glad at the calm, safe to the port they were bound for.

바다의 폭풍   흠정영역성서(1708년, 런던)

시편 Psalms 109: 24-25

저의 무릎은 단식으로 후들거리고 저의 살은 기름기 없이 말라 갑니다. 진정 저
는 그들에게 조롱거리가 되고 저를 보는 자들은 머리를 흔듭니다.

My knees are weak for lack of food, my body is thin for lack of oil; I
have become an object of derision, people shake their heads at me in
scorn.

조롱하는 자들   흠정영역성서(1708년, 런던)

시편 Psalms 120:3-4

속임수 혀야, 너 무엇을 더 받으랴? 너 무엇을 더 받으랴? 천사의 날카로운 화살들을 싸리나무 숯불과 함께 받으리라.

How will he pay back the false oath of a faithless tongue? With war arrows hardened over red-hot charcoal!

속이는 자들   흠정영역성서(1708년, 런던)

시편 Psalms 137:1-3

바빌론 강기슭 거기에 앉아 시온을 생각하며 우네. 거기 버드나무에 우리 비파를 걸었네. 우리를 포로로 잡아간 자들이 노래를 부르라, 우리의 압제자들이 흥을 돋우라 하는구나.

Beside the streams of Babylon we sat and wept at the memory of Zion, leaving our harps hanging on the poplars there. For we had been asked to sing to our captors, to entertain those who had carried us off.

나무에 건 비파   흠정영역성서(1708년, 런던)

시편 140:1-3

주님, 악한 사람에게서 저를 구하소서. 포악한 사내에게서 저를 보호하소서. 저들은 마음속으로 악을 꾀하고 날마다 싸움을 일으킵니다. 뱀처럼 혀를 벼리고 살무사의 독을 입술 밑에 품습니다.

독사   흠정영역성서(1708년, 런던)

Psalms 140:1-3

Yahweh, rescue me from evil people, from people plotting evil, forever intent on stirring up strife, who make their tongues as sharp as serpents' with viper's venom on their lips.

Musei Linkiani n. 7. 13 . 22 .

뱀   흠정영역성서(1708년, 런던)

시편 Psalms 144:13

우리 곳집들은 그득하여 갖가지 곡식을 대어 주리라. 우리 양 떼는 천 배로, 들에서 만 배로 불어나고 우리 소들은 살이 찌리라.

May our barns overflow with every possible crop, may the sheep in our fields be counted in their thousands and tens of thousands, may our cattle be stout and strong.

가득 찬 곳간   흠정영역성서(1708년, 런던)

시편 Psalms 147:15, 17-18

당신 명령을 세상에 보내시니 그 말씀 날래게 달려간다. 얼음을 빵 부스러기처럼 내던지시니 그 추위 앞에 누가 서 있을 수 있으랴? 당신 말씀 보내시어 저들을 녹게 하시고 당신 바람을 불게 하시니 물이 흐른다.

He gives an order; his words flashes to earth: to drop ice like breadcrumbs, and when the cold is unbearable, he sends his word to bring the thaw and warm wind to melt the snow.

추위   흠정영역성서(1708년, 런던)

잠언
The Book of Proverbs

잠언 5:18-19

네 젊은 시절의 아내를 두고 즐거워하여라. 그 여자는 너의 사랑스러운 암사슴, 우아한 영양, 너는 언제나 그의 가슴에서 흡족해하고 늘 그 사랑에 흠뻑 취하여라.

암사슴   흠정영역성서(1708년, 런던)

Proverbs 5:18-19

Find joy with the wife you married in your youth, fair as a hind, graceful as a fawn. Let hers be the company you keep, hers the breasts that ever fill you with delight, hers the love that ever holds you captive.

큰영양   흠정영역성서(1708년, 런던)

잠언 6:6-8

너 게으름뱅이야, 개미에게 가서 그 사는 모습을 보고 지혜로워져라. 개미는 우두머리도 없고 감독도 지도자도 없이 여름에 양식을 장만하고 수확 철에 먹이를 모아들인다.

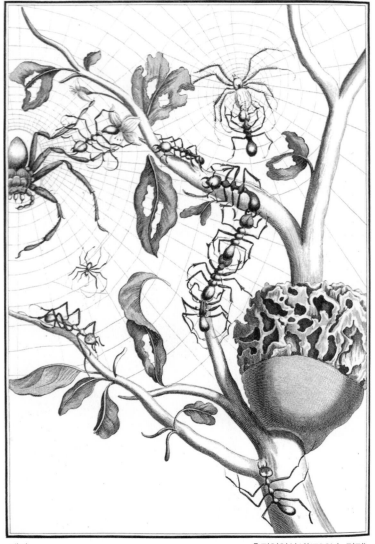

개미   흠정영역성서(1708년, 런던)

Proverbs 6:6-8

Idler, go to the ant; ponder her ways and grow wise: no one gives her orders, no overseer, no master, yet all through the summer she makes sure of her food, and gathers her supplies at harvest time.

개미집   흠정영역성서(1708년, 런던)

잠언 8:12-13

"나 지혜는 영리함과 함께 살며 지식과 현명함을 얻었다. 주님을 경외함은 악을 미워하는 것이다. 그래서 나는 교만함과 거만과 악의 길을, 사악한 입을 미워한다."

오만한 공작새   18세기 작

Proverbs 8:12-13

"I, Wisdom, am mistress of discretion, the inventor of lucidity of thought. (To fear Yahweh is to hate evil.) I hate pride and arrogance, wicked behavior and a lying mouth."

오만

G. 미텔리 작

잠언 Proverbs 16:11-12

올바른 저울과 저울판은 주님의 것이고 주머니 속의 저울추도 그분의 소관이다. 임금은 죄악을 저지르는 것을 역겨워하니 정의로 왕좌가 군건해지기 때문이다.

To Yahweh belong the balance and scales, all the weights in the bag are of his making. Evil-doing is abhorrent to kings, since virtue is the throne's foundation.

올바른 저울　　　　　　흠정영역성서(1708년, 런던)

잠언 Proverbs 20:1

술은 빈정꾼, 독주는 소란꾼, 그것에 취하는 자 모두 지혜롭지 못하다.

Wine is reckless, strong drink quarrelsome; unwise is he whom it seduces.

술에 취하는 자   흠정영역성서(1708년, 런던)

잠언 Proverbs 23:31-32

빛깔이 좋다고 술을 들여다보지 마라. 그것이 잔속에서 광채를 낸다 해도, 목구멍에 매끄럽게 넘어간다 해도 그러지 마라. 결국은 뱀처럼 물고 살무사처럼 독을 쏜다.

Never relish how red it is, this wine, how sparkling in the cup, how smooth its flow. In the end its bite is like a serpent's, its sting as sharp as an adder's.

Musei Linkiani n. 27. 54.

독사   흠정영역성서(1708년, 런던)

잠언 Proverbs 26:11-12

자기가 게운 데로 되돌아가는 개처럼 우둔한 자는 제 어리석음을 되풀이한다.
스스로 지혜롭다고 여기는 사람을 보았느냐? 그보다는 우둔한 자가 더 희망이
있다.

As a dog returns to its vomit, so a fool reverts to his folly. You see some
man who thinks himself wise? More hope for a fool than for him!

자기가 토한 것을 먹는 개 　　　　　흠정영역성서(1708년, 런던)

잠언 Proverbs 26:17

지나가다가 자기와 상관없는 싸움에 흥분하는 자는 개의 귀를 잡아당기는 자
와 같다.

Like catching a stray dog by the tail, so is interfering in the quarrels of
others.

개의 귀나 꼬리를 잡는 자   흠정영역성서(1708년, 런던)

잠언 Proverbs 27:23-24

네 양 떼가 어떤지를 잘 살피고 가축 떼에게 관심을 기울여라. 재물은 길이 남지 않고 왕관도 대대로 이어지지 않는다.

Know your flock's condition well, take good care of your herds; since riches do not last for ever, wealth is not handed down from age to age.

가축을 보살펴라   흠정영역성서(1708년, 런던)

잠언 Proverbs 30:15-16

배부를 줄 모르는 것이 셋, "충분하다!" 할 줄 모르는 것이 넷 있으니 저승과 임신 못하는 태, 물로 채울 수 없는 땅과 "충분하다!" 할 줄 모르는 불이다.

There are three insatiable things, four, indeed, that never say, "Enough!" Sheol, the barren womb, earth which can never have its fill of water, fire which never say, "Enough!"

만족을 모르는 것들   흠정영역성서(1708년, 런던)

잠언 30:17

아버지를 비웃고 어머니에게 순종하기를 하찮게 여기는 눈은 개울의 까마귀들
이 쪼아 내고 독수리 새끼들이 쪼아 먹는다.

부모를 조롱하지 마라   흠정영역성서(1708년, 런던)

Proverbs 30:17

The eye which looks jeeringly on a father, and scornfully on an aging mother, shall be pecked out by the ravens of the valley, and eaten by the vultures.

까마귀   흠정영역성서(1708년, 런던)

잠언 Proverbs 30:18-19

나에게 너무 이상한 것이 셋, 내가 이해하지 못하는 것이 넷 있으니 하늘을 날
아다니는 독수리의 길, 바위 위를 기어 다니는 뱀의 길, 바다 가운데를 떠다니
는 배의 길, 젊은 여자를 거쳐 가는 사내의 길이다.

There are three things beyond my comprehension, four, indeed, that I
do not understand: the way of an eagle through the skies, the way of a
snake over the rock, the way of a ship in mid-ocean, the way of a man
with a girl.

불가사의   흠정영역성서(1708년, 런던)

잠언 30:24-28

세상에서 가장 작으면서도 더없이 지혜로운 것이 넷 있다. 힘없는 족속이지만 여름 동안 먹이를 장만하는 개미, 힘이 세지 않은 종자이지만 바위에 집을 마련하는 오소리, 임금이 없지만 모두 질서 정연하게 나아가는 메뚜기, 사람 손으로 잡을 수 있지만 임금의 궁궐에 사는 도마뱀이다.

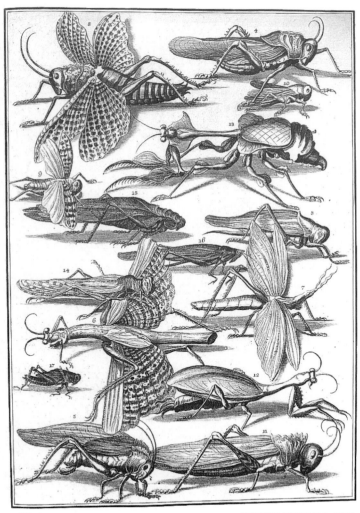

메뚜기 　　　　　　　　　　　　　　　　흠정영역성서(1708년, 런던)

Proverbs 30:24-28

There are four creatures little on the earth, though wisest of the wise: the ants, a race with no strength, yet in the summer they make sure of their food; the rock rabbits, a race with no defenses, yet they make their home in the rocks; the locusts, these have no king, and yet they all march in good order; the lizard which you can catch in your hand, yet it frequents the palace of kings.

도마뱀   흠정영역성서(1708년, 런던)

잠언 30:29-31

발걸음이 당당한 것이 셋, 당당하게 걸어 다니는 것이 넷 있으니 짐승 가운데
용사로서 어떤 것 앞에서도 물러서지 않는 사자, 의젓한 수탉과 숫염소 그리고
자기 백성 앞에 선 임금이다.

사자, 사냥개, 숫염소   흠정영역성서(1708년, 런던)

Proverbs 30:29-31

There are three things of stately tread, four, indeed, of stately bearing: the lion, bravest of beasts, he will draw back from nothing; the cock that proudly struts among the hens, the he-goat, leader of the flock, and the king when he harangues his people.

염소

흠정영역성서(1708년, 런던)

잠언 31:30-31

우아함은 거짓이고 아름다움은 헛것이지만 주님을 경외하는 여인은 칭송을 받는다. 그 손이 거둔 결실을 그에게 돌리고 그가 한 일을 성문에서 칭송하여라.

충실한 아내   흠정영역성서(1708년, 런던)

Proverbs 31:30~31

Charm is deceitful, and beauty empty; the woman who is wise is the one to praise. Give her a share in what her hands have worked for, and let her works tell her praises at the city gates.

가정주부   루드비히 리히터 작

코헬렛
Ecclesiastes

코헬렛 1:1-3

다윗의 아들로서 예루살렘의 임금인 코헬렛의 말이다. 허무로다, 허무! 코헬렛이 말한다. 허무로다, 허무! 모든 것이 허무로다! 태양 아래에서 애쓰는 모든 노고가 사람에게 무슨 보람이 있으랴?

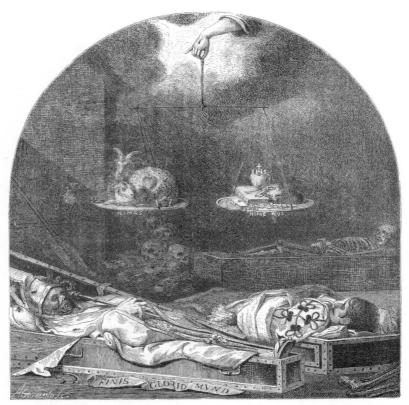

죽음과 심판   후안 데 발데스 레알 작

Ecclesiastes 1:1-3

The words of Qoheleth son of David, king of Jerusalem. Vanity of
vanities, Qoheleth says. Vanity of vanities. All is vanity! For all his toil,
his toil under the sun, what does man gain by it?

모든 것이 헛되다

조반니 데 칼카리 작

코헬렛 Ecclesiastes 1:1-3

QVIS EVADET?

모든 것이 헛되다   헨드릭 골치우스 작

코헬렛 Ecclesiastes 1:7

강물이 모두 바다로 흘러드는데 바다는 가득 차지 않는다. 강물은 흘러드는 그 곳으로 계속 흘러든다.

Into the sea all the rivers go, and yet the sea is never filled, and still to their goal the rivers go.

바다로 흐르는 강물   흠정영역성서(1708년, 런던)

코헬렛 5:7-8

국가 안에서 가난한 이에 대한 억압과 공정과 정의가 유린됨을 본다 하더라도
너는 그러한 일에 놀라지 마라. 상급자를 그 위의 상급자가 살피고 이들 위에
또 상급자들이 있기 때문이다. 모든 것이 이러한데도 농경지를 돌보는 임금이
있음은 나라에 유익하다.

절벽에서 실시하는 처형

Ecclesiastes 5:7-8

If in a province you see the poor oppressed, right and justice violated,
do not be surprised. You will be told that officials are under the
supervision of superiors, who are supervised in turn; you will hear talk
of "the common good" and "the service of the king."

반역자를 처단하는 클로비스 왕

코헬렛 Ecclesiastes 10:8-9

구덩이를 파는 자는 자신도 거기에 빠질 수 있고 담을 허무는 자는 뱀에게 물릴 수 있다. 돌을 부수는 자는 그 돌에 다칠 수 있고 나무를 쪼개는 자는 그 나무에 상처를 입을 수 있다.

He who digs a pit may fall in it; a man saps a wall, the serpent bites him. He who quarries stones may be hurt by them; he who chops wood takes a risk.

위험   흠정영역성서(1708년, 런던)

코헬렛 11:10

네 마음에서 근심을 떨쳐 버리고 네 몸에서 고통을 흘려 버려라. 젊음도 청춘도
허무일 뿐이다.

노인과 젊은 여자   알브레히트 뒤러 작

Ecclesiastes 11:10

Cast worry from your heart, shield your flesh from pain. Yet youth, the age of dark hair, is vanity.

젊은 여자에게 구애하는 노인   빌헬름 미에리스 작

춤추는 사람들

코헬렛 Ecclesiastes 12:3

그때 집을 지키는 자들은 흐느적거리고 힘센 사내들은 등이 굽는다. 맷돌 가는 여종들은 수가 줄어 손을 놓고 창문으로 내다보던 여인들은 생기를 잃는다.

The day when those who keep the house tremble and strong men are bowed; when the women grind no longer at the mill, because day is darkening at the windows.

노년기   흠정영역성서(1708년, 런던)

코헬렛 12:4-5

길로 난 미닫이문은 닫히고 맷돌 소리는 줄어든다. 새들이 지저귀는 시간에 일
어나지만 노랫소리는 모두 희미해진다. 오르막을 두려워하게 되고 길에서도
무서움이 앞선다.

Ecclesiastes 12:4-5

And the street doors are shut; when the sound of the mill is faint, when
the voice of the bird is silenced, and the song notes are stilled, when to
go uphill is an ordeal and a walk is something to dread.

악기를 연주하는 천사들

코헬렛 12:5-7

인간은 자기의 영원한 집으로 돌아가야만 하고 거리에는 조객들이 돌아다닌다. 은사슬이 끊어지고 금 그릇이 깨어지며 샘에서 물동이가 부서지고 우물에서 도르래가 깨어지기 전에 너의 창조주를 기억하여라. 먼지는 전에 있던 흙으로 되돌아가고 목숨은 그것을 주신 하느님께 되돌아간다.

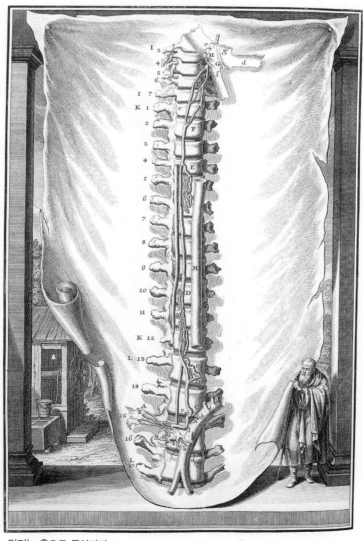

먼지는 흙으로 돌아가다   흠정영역성서(1708년, 런던)

Ecclesiastes 12:5-7

Man goes to his everlasting home. And the mourners are already walking to and fro in the street before the silver cord has snapped, or the golden lamp been broken, or the pitcher shattered at the spring, or the pulley cracked at the well, or before the dust returns to the earth as it once came from it, and the breath to God who gave it.

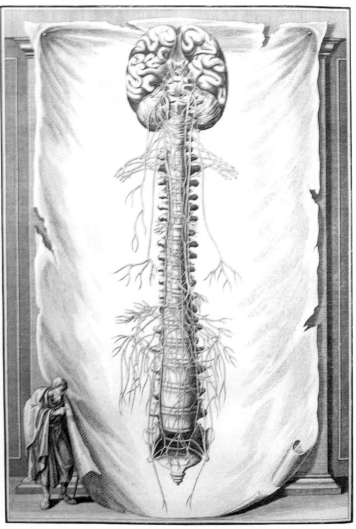

창조주를 기억하라 　　　　　　　　　흠정영역성서(1708년, 런던)

아가
The Song of Songs

아가 1:12-13

임금님이 잔칫상에 계시는 동안 나의 나르드는 향기를 피우네. 나의 연인은 내게 몰약 주머니, 내 가슴 사이에서 밤을 지내네.

나르드 향나무   흠정영역성서(1708년, 런던)

Songs 1:12-13

—While the King rests in his own room my nard yields its perfume.
My Beloved is a sachet of myrrh lying between my breast.

향목   흠정영역성서(1708년, 런던)

아가 1:14

나의 연인은 내게 엔 게디 포도밭의 헤나 꽃송이어라.

헤나 꽃　　　　　　　흠정영역성서(1708년, 런던)

Songs 1:14

My Beloved is a cluster of henna flowers among the vines of Engedi.

애인들

아가 Songs 1:16-17

정녕 당신은 아름다워요, 나의 연인이여. 당신은 사랑스러워요, 우리의 잠자리도 푸르답니다. 우리 집 들보는 향백나무, 서까래는 전나무랍니다.

—How beautiful you are, my Beloved, and how delightful! All green is our bed. —The beams of our house are of cedar, the paneling of cypress.

향백나무   흠정영역성서(1708년, 런던)

아가 Songs 2:1-2

나는 사론의 수선화, 골짜기의 나리꽃이랍니다. 아가씨들 사이에 있는 나의 애
인은 엉겅퀴 사이에 핀 나리꽃 같구나.

—I am the rose of Sharon, the lily of the valleys. —As a lily among the
thistles, so is my love among the maidens.

사론의 수선화와 나리꽃　　　　흠정영역성서(1708년, 런던)

아가 Songs 4:8

나와 함께 레바논에서, 나의 신부여, 나와 함께 레바논에서 떠납시다. 아마나 산꼭대기에서, 스나르 산과 헤르몬 산꼭대기에서, 사자 굴에서, 표범 산에서 내려갑시다.

Come from Lebanon, my promised bride, come from Lebanon, come on your way. Lower your gaze, from the heights of Amana, from the crests of Senir and Hermon, the haunt of lions, the mountains of leopards.

사자와 표범   흠정영역성서(1708년, 런던)

아가 4:10-11

나의 누이 나의 신부여, 그대의 사랑이 얼마나 아름다운지! 그대의 사랑은 포도주보다 얼마나 더 달콤하고 그대의 향수 내음은 그 모든 향료보다 얼마나 더 향기로운지! 나의 신부여, 그대의 입술은 생청을 흘리고 그대의 혀 밑에는 꿀과 젖이 있다오. 그대의 옷 향기는 레바논의 향기 같구려.

향료 식물들　　　　　　　흠정영역성서(1708년, 런던)

Songs 4:10–11

What spells lie in your love, my sister, my promised bride! How delicious is your love, more delicious than wine! How fragrant your perfumes, more fragrant than all other spices! Your lips, my promised one, distill wild honey. Honey and milk are under your tongue; and the scent of your garment is like the scent of Lebanon.

향 갈대   흠정영역성서(1708년, 런던)

아가 Songs 4:10-11

창포 흠정영역성서(1708년, 런던)

아가 Songs 6:11

나는 대추야자나무 새싹을 보려고 포도나무가 꽃을 피웠는지, 석류나무가 봉오리를 맺었는지 보려고 호두나무 정원으로 내려갔네.

I went down to the nut orchard to see what was sprouting in the valley, to see if the vines were budding and the pomegranate trees in flower.

호두나무   흠정영역성서(1708년, 런던)

아가 Songs 7:14

합환채는 향기를 내뿜고 우리 문간에는 온갖 맛깔스런 과일들이 있는데 햇 것도 있고 묵은 것도 있어요. 나의 여인이여 이 모두 내가 당신을 위하여 간직해 온 것이랍니다.

The mandrakes yield their fragrance, the rarest fruits are at our doors; the new as well as the old, I have stored them for you, my Beloved.

합환채   흠정영역성서(1708년, 런던)

지혜서
The Book of Wisdom

지혜서 1:1-2

세상의 통치자들아, 정의를 사랑하여라. 선량한 마음으로 주님을 생각하고 순수한 마음으로 그분을 찾아라. 주님께서는 당신을 시험하지 않는 이들을 만나 주시고 당신을 불신하지 않는 이들에게 당신 자신을 드러내 보이신다.

법과 정의   P. 보드리 작

Wisdom 1:1-2

Love virtue, you who are judges on earth, let honesty prompt your thinking about the Lord, seek him in simplicity of heart; since he is to be found by those who do not put him to test, he shows himself to those who do not distrust him.

정의의 여신   라파엘로 작

지혜서 1:3-4

비뚤어진 생각을 하는 사람은 하느님에게서 멀어지고 그분의 권능을 시험하는
자들은 어리석은 자로 드러난다. 지혜는 간악한 영혼 안으로 들지 않고 죄에 얽
매인 육신 안에 머무르지 않는다.

정의의 여신과 소송   세바스티안 브란트 작

Wisdom 1:3-4

But selfish intentions divorce from God; and Omnipotence, put to the test, confound the foolish. No, Wisdom will never make its way into a crafty soul nor stay in a body that is in debt to sin.

정의의 실현   세바스티안 브란트 작

지혜서 1:6

지혜는 다정한 영, 그러나 하느님을 모독하는 자는 그 말에 책임을 지게 한다.
하느님께서 그의 속생각을 다 아시고 그의 마음을 샅샅이 들여다보시며 그의
말을 다 듣고 계시기 때문이다.

하늘의 도움

미넬리 작

Wisdom 1:6

Wisdom is a spirit, a friend to man, though she will not pardon the
words of a blasphemer, since God sees into the innermost parts of him,
truly observes his heart, and listens to his tongue.

정의   체사레 리파 작

지혜서 2:1-2

"우리의 인생은 짧고 슬프다. 인생이 끝에 다다르면 묘약이 없고 우리가 알기로 저승에서 돌아온 자도 없다. 우리는 우연히 태어난 몸, 뒷날 우리는 있지도 않았던 것처럼 될 것이다."

죽음의 사자   세바스티안 브란트 작

Wisdom 2:1-2

"Our life is short and dreary, nor is there any relief when man's end comes, nor is anyone known who can give his release from Hades. By chance we came to birth, and after this life we shall be as if we had never been."

체념

지혜서 2:5

"우리의 한평생은 지나가는 그림자이고 우리의 죽음에는 돌아올 길이 없다. 정녕 한번 봉인되면 아무도 되돌아오지 못한다."

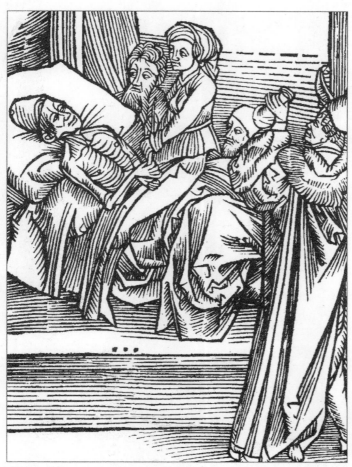

임종의 시간　　　　　　　　　　　　　세바스티안 브란트 작

Wisdom 2:5

"Yes, our days are the passing of a shadow, from our death there is no turning back, the seal is set: no one returns."

꿈꾸는 사람   알브레히트 뒤러 작

지혜서 2:6-8

"자 그러니, 앞에 있는 좋은 것들을 즐기고 젊을 때처럼 이 세상 것들을 실컷 쓰
자. 값비싼 포도주와 향료로 한껏 취하고 봄철의 꽃 한 송이도 놓치지 말자. 장
미가 시들기 전에 그 봉오리들로 화관을 만들어 쓰자."

포도주   주세페 마리아 미텔리 작

Wisdom 2:6-8

"Come then, let us enjoy what good things there are, use this creation with the zest of youth: take our fill of the dearest wines and perfumes, let not one flower of springtime pass us by, before they wither crown ourselves with roses."

먹고 마시는 자들　　　　　　　　　세바스티안 브란트 작

지혜서 2:9

"어떠한 풀밭도 우리의 이 환락에서 빠지는 일이 없게 하여라. 이것도 우리의
몫이고 저것도 우리의 차지니 어디에나 우리가 즐긴 표를 남기자."

로마의 바쿠스 축제

Wisdom 2:9

"Let none of us forgo his part in our orgy, let us leave the signs of our
revelry everywhere, this is our portion, this the lot assigned to us."

바쿠스와 실레누스

지혜서 2:10-12

"가난한 의인을 억누르고 과부라고 보아주지 말자. 백발이 성성한 노인이라고 존경할 것 없다. 약한 것은 스스로 쓸모없음을 드러내니 우리 힘이 의로움의 척도가 되게 하자. 의인에게 덫을 놓자. 그자는 우리를 성가시게 하는 자, 우리가 하는 일을 반대하며 율법을 어겨 죄를 지었다고 우리를 탓한다."

사악한 자의 횡포   세바스티안 브란트 작

Wisdom 2:10-12

"As for the virtuous man who is poor, let us oppress him; let us not spare the widow, nor respect old age, white-haired with many years. Let our strength be the yardstick of virtue, since weakness argues its own futility. Let us lie in wait for the virtuous man, since he annoys us and opposes our way of life, reproaches us for our breaches of the Law."

무자비한 공포   체사레 리파 작

안토니어 폴라이우올로 작

전투

지혜서 4:1

자식이 없어도 덕이 있는 편이 더 낫다. 덕이 하느님과 사람들에게 인정을 받고
덕에 대한 기억 속에 불사가 들어 있기 때문이다.

덕행의 인도

주세페 마리아 미텔리 작

Wisdom 4:1

Better to have no children yet to have virtue, since immortality perpetuates its memory and God and men both think highly of it.

덕행의 실천   세바스티안 브란트 작

지혜서 4:2

덕이 있을 때에는 사람들이 그것을 본받고 없을 때에는 그것을 갈구한다. 고결
한 상을 놓고 벌인 경기의 승리자, 덕은 영원의 세계에서 화관을 쓰고 행진한다.

덕행의 월계관   체사레 리파 작

Wisdom 4:2

Present, we imitate it, absent, we long for it; crowned, it holds triumph through eternity, having striven for blameless prizes and emerged the victor.

덕행의 꽃

지혜서 5:7

"우리는 불법과 파멸의 엉겅퀴에 말려든 채 인적 없는 광야를 걸어가며 주님의
길을 알지 못하였다."

강력한 힘 　　　　　　　　　　　　　　　　　　　체사레 리파 작

Wisdom 5:7

"We have left no path of lawlessness or ruin unexplored, we have crossed deserts where there was no track, but the way of the Lord is one we have never known."

파괴하는 불의   체사레 리파 작

지혜서 5:8-9

"우리의 자존심이 무슨 소용이 있었으며 자랑스럽던 그 큰 재산이 우리에게 무슨 이득이 있었는가? 그 모든 것은 그림자처럼, 지나가는 소문처럼 사라져 버렸다."

돈과 권력　　　　　　　　　　　　　　세바스티안 브란트 작

Wisdom 5:8-9

"Arrogance, what advantage has this brought us? Wealth and boasting, what have these conferred on us? All those things have passed like a shadow, passed like a fleeting rumor."

오만이 춤추면 파멸한다   주세페 마리아 미텔리 작

지혜서 5:10

"그것은 배가 높은 물결을 헤치고 갈 때와 같다. 한번 지나가면 자취를 찾을 수 없고 파도 속에 용골이 지난 흔적도 없다."

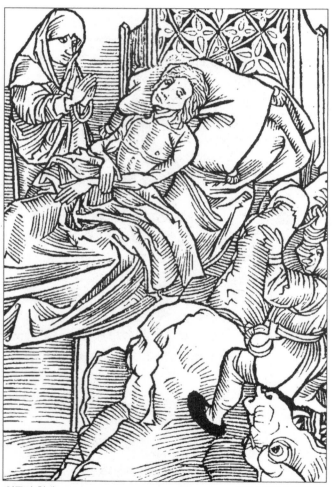

임종의 침대   세바스티안 브란트 작

Wisdom 5:10

"Like a ship that cuts through heaving waves—leaving no trace to show where it has passed, no wake from its keel in the waves."

항해　　　　　　　　　　　　　세바스티안 브란트 작

지혜서 6:3

너희의 권력은 주님께서 주셨고 통치권은 지극히 높으신 분께서 주셨다. 그분
께서 너희가 하는 일을 점검하시고 너희의 계획들을 검열하신다.

영광의 권능

Wisdom 6:3

For power is a gift to you from the Lord, sovereignty is from the Most High; he himself will probe your acts and scrutinize your intentions.

로마 광장의 옛 모습

지혜서 6:4-5

너희가 그분 나라의 신하들이면서도 올바르게 다스리지 않고 법을 지키지 않으며 하느님의 뜻을 따르지 않기 때문이다. 그분께서는 지체 없이 무서운 모습으로 너희에게 들이닥치실 것이다. 정녕 높은 자리에 있는 자들은 엄격한 심판을 받을 것이다.

처벌은 반드시 온다   주세페 마리아 미텔리 작

Wisdom 6: 4-5

If, as administers of the kingdom, you have not governed justly nor observed the law, nor behaved as God would have you behave, he will fall on you swiftly and terribly. Ruthless judgment is reserved for the high and mighty.

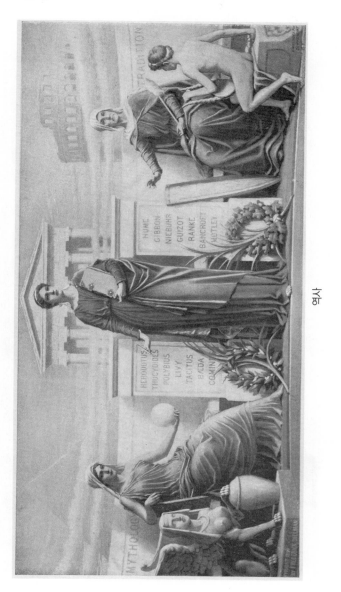

역사

지혜서 6:7-8

미천한 이들은 자비로 용서를 받지만 권력자들은 엄하게 재판을 받을 것이다. 만물의 주님께서는 누구 앞에서도 움츠러들지 않으시고 누가 위대하다고 하여 어려워하지도 않으신다. 작거나 크거나 다 그분께서 만드셨고 모두 똑같이 생각해 주신다.

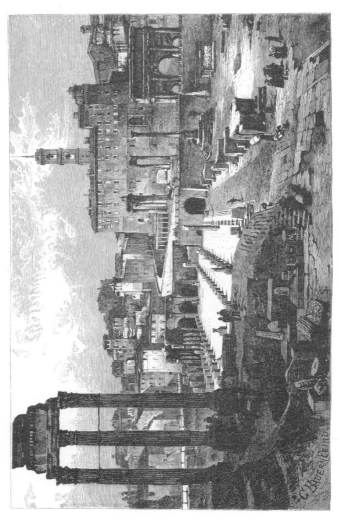

로마 토론의 폐허

Wisdom 6:7-8

The low will be compassionately pardoned, the mighty will be mightily
punished. For the Lord of All does not cower before a personage, he
does not stand in awe of greatness, since he himself has made small and
great and provides for all alike.

로마 광장의 폐허

지혜서 Wisdom 7:9

값을 헤아릴 수 없는 보석도 지혜와 견주지 않았다. 온 세상의 금도 지혜와 비교하면 한 줌의 모래이고 은도 지혜 앞에서는 진흙처럼 여겨지기 때문이다.

I reckoned no priceless stone to be her peer, for compared with her, all gold is a pinch of sand, and beside her silver ranks as mud.

솔로몬의 재판

르 발렘탕 작

지혜서 10:3

그러나 불의한 자가 분노하며 지혜에게 등을 돌리더니 광분하여 제 동기를 살
해한 탓에 죽어 없어지고 말았다.

아벨의 죽음   얀 포르하우트 작

Wisdom 10:3

But when a sinner in his wrath deserted her, he perished in his fratricidal fury.

하늘은 살인자를 내려다 본다   주세페 마리아 미텔리 작

의인이 형의 분노를 피하여 달아날 때 지혜는 그를 바른길로 이끌고 하느님의
나라를 보여 주었으며 거룩한 것들을 알려 주었다. 고생하는 그를 번영하게 하
고 그 노고의 결실이 불어나게 하였다.

행운과 재산   체사레 리파 작

Wisdom 10:10

The virtuous man, fleeing from the anger of his brother, was led by her along straight paths. She showed him the kingdom of God and taught him the knowledge of holy things. She brought him success in his toil and gave him full return for all his efforts.

엄청난 행운   알브레히트 뒤러 작

루드비히 리히터 작

원전

지혜서 10:18-19

또 그들을 홍해 너머로 데려가고 깊은 물을 가로 질러 인도하였다. 그들의 원수
들을 물로 뒤덮었다가 깊은 바다 밑바닥에서 위로 내던져 버렸다.

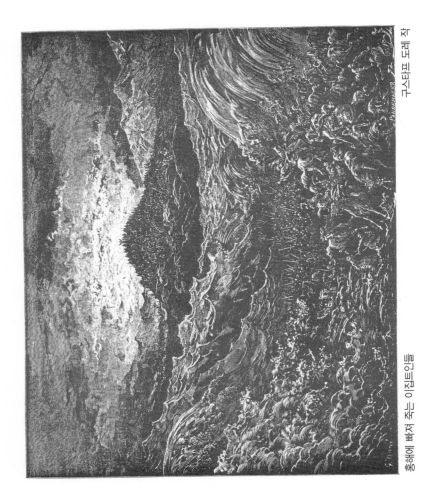

구스타프 도레 작

홍해에 빠져 죽는 이집트인들

She brought them across the Red Sea, led them through that immensity of water, while she swallowed their enemies in the waves then spat them out from the depths of the abyss.

신의 채찍   체사레 리파 작

지혜서 Wisdom 11:4

목마른 그들이 당신께 간청하자 깎아지른 듯한 바위에서 물이, 단단한 돌에서
목마름을 풀어 주는 것이 나왔습니다.

On you they called when they were thirsty, and from the rocky cliff
water was given them, from hard stone their thirst was quenched.

바토스타 프랑코 작

목마름을 풀어 주는 바위에서 나오는 물이

지혜서 12:9

당신께서는 싸움터에서 저 악인들을 의인들 손에 넘기실 수도, 무서운 야수나
엄중한 말씀으로 단번에 파멸시키실 수도 있었습니다.

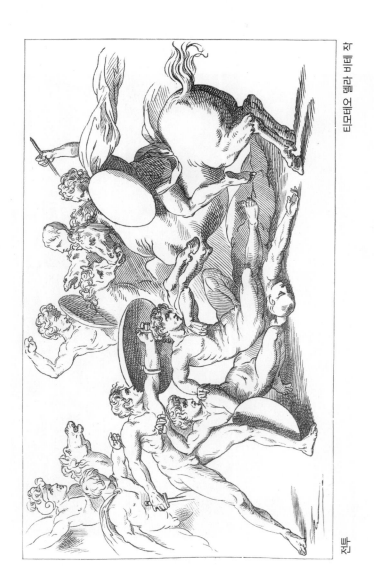

티머테아 벨라 바피 작

전투

Wisdom 12:9

Not that you could not hand the godless over to the virtuous in pitched battle or destroy them at once by savage beasts or one stern word from you.

전투

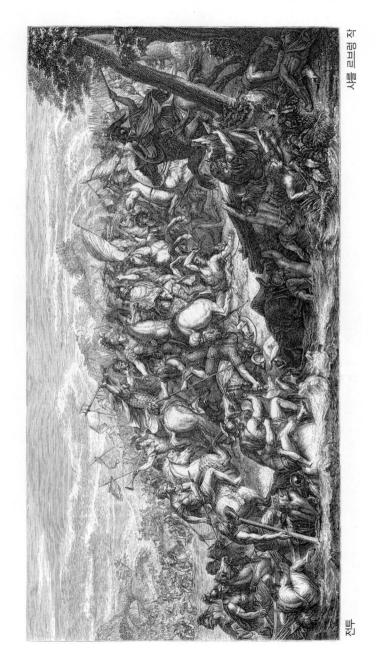

사를 르브랑 작

전투

지혜서 13:10

생명 없는 것들에 희망을 거는 자들은 불쌍하다. 그들은 사람 손으로 만들어진
것들, 솜씨 좋게 다듬어진 금과 은, 동물들의 상, 또 옛적에 어떤 손이 다듬어 놓
았다는 쓸모없는 돌을 신이라고 부른다.

이시스 여신에게 바치는 제사

Wisdom 13:10

But wretched are they — in dead things putting their hopes — who have given to things made by human hands the title of gods, gold and silver, finely worked, likenesses of animals, or some useless stone, carved by some hand long ago.

바다의 신

지혜서 13:17

그런데도 재산이나 혼인이나 자녀들을 위하여 기도할 때에 생명 없는 그것에 대고 말하는 것을 부끄러워하지 않는다. 그렇게 무력한 것에 대고 건강을 위하여 간청한다.

이시스

Wisdom 13:17

And yet, if he wishes to pray for his goods, for marriages, for his children, he does not blush to harangue this lifeless things—for health he invokes weakness.

오시리스

지혜서 14:2-3

배란 이득을 바라는 마음이 고안해 내고 장인의 지혜가 만들어낸 것입니다. 그
러나 아버지, 그것을 조종하는 것은 당신의 섭리입니다.

고대의 조선소

Wisdom 14:2-3

No doubt that ship is the product of a craving for gain, its building
embodies the wisdom of the shipwright, but your providence, Father, is
what steers it.

섭리의 도움 세바스티안 브란트 작

지혜서 Wisdom 16:2

그러나 당신의 백성에게는 당신께서 그 징벌과는 반대로 은혜를 베푸시고 그
들의 식욕을 채워 주시려고 놀라운 맛이 나는 음식, 메추라기를 마련해 주셨습
니다.

In contrast to this punishment, you treated your own people with
kindness and, to satisfy their sharp appetite, you provided for their food
quails, a luscious rarity.

메추라기　　　　　　　　　　　　　　　　　흠정영역성서(1708년, 런던)

지혜서 16:5

사나운 동물들이 무서운 기세로 당신 백성들에게 들이닥쳐 백성들이 그 구불
거리는 뱀들에게 물려 죽어갈 때 당신의 진노는 끝까지 가지 않았습니다.

뱀

흠정영역성서(1708년, 런던)

Wisdom 16:5

When the savage rage of wild animals overtook them and they were perishing from the bites of writhing snakes, your wrath did not continue to the end.

뱀에게 고통 당하는 자   체사레 리파 작

지혜서 Wisdom 16:9

저들은 메뚜기와 파리에게 물려 죽어 가는데 그 목숨을 살릴 약이 없었습니다.

저들은 그러한 것들로 징벌을 받아 마땅하였던 것입니다.

Since the bites of locusts and flies proved fatal to them and no remedy could be found to save them—and well they deserved to be punished by such creatures.

치료약

체사레 리파 작

지혜서 16:20

그러나 당신의 백성은 당신께서 천사들의 음식으로 먹여 살리셨습니다. 그들의 노고 없이 미리 준비된 빵을 하늘에서 마련해 주셨습니다. 그 빵은 갓가지 맛을 낼 수 있는 것, 모든 입맛에 맞는 것이었습니다.

율리우스 슈노르 폰 카롤스펠트 작

만나와 물

Wisdom 16:20

How differently with your people! You gave them the food of angels,
from heaven untiringly sending them bread already prepared,
containing every delight, satisfying every taste.

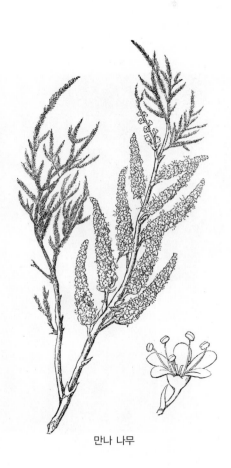

만나 나무

지혜서 17:1-2

당신의 판결은 위대하고 설명하기 어렵습니다. 그래서 가르침을 받아들이지 않은 영혼들은 빗나간 것입니다. 저 무도한 자들은 자기들이 거룩한 민족을 잡고 있다고 여겼지만 저들 자신이 암흑의 포로요 긴 밤의 죄수로서 영원한 섭리에서 추방된 채 자기 집 지붕 밑에 갇혔습니다.

폴 귀스타브 도레 작

어둠의 밤

Wisdom 17:1-2

Your judgments are indeed great and inexpressible, which is why undisciplined souls have gone astray. When impious men imagined they had the holy nation in their power, they themselves lay prisoners of the dark, in the fetters of long night, confined under their own roofs, banished from eternal providence.

세상을 지배하는 악마   체사레 리파 작

집회서
Ecclesiasticus

집회서 4:1-2

애야, 가난한 이의 살길을 막지 말고 궁핍한 눈들을 기다리게 하지 마라. 배고 픈 사람을 서럽게 하지 말고 곤경에 빠진 사람을 화나게 하지 마라.

모자 쓴 거지   렘브란트 작

Ecclesiasticus 4:1-2

My son, do not refuse the poor a livelihood, do not tantalize the needy.
Do not add to the sufferings of the hungry, do not bait a man in distress.

앉아 있는 거지   렘브란트 작

집회서 4:3-4

화난 마음을 더 이상 괴롭히지 말고 없는 이에게 베푸는 일을 미루지 마라. 재난을 당하여 호소하는 이를 물리치지 말고 가난한 이에게서 네 얼굴을 돌리지 마라.

지팡이 짚은 거지 　　　　　　　　　　　　　　　렘브란트 작

Ecclesiasticus 4:3-4

Do not aggravate a heart already angry, nor keep the destitute waiting for your alms. Do not repulse a hard-pressed beggar, nor turn your face from a poor man.

목발 짚은 거지   렘브란트 작

집회서 4:5-6

애걸하는 이에게서 눈을 돌리지 말고 그에게 너를 저주할 빌미를 주지 마라. 그가 비참한 삶 속에서 너를 저주하면 그를 만드신 분께서 그의 호소를 들어 주시리라.

구걸하는 가족　　　　　　　　　　　　　　　세바스티안 브란트 작

Ecclesiasticus 4:5-6

Do not avert your eyes from the destitute, give no man occasion to curse you; for if a man curses you in the bitterness of his soul, his maker will hear his imprecation.

가난   체사레 리파 작

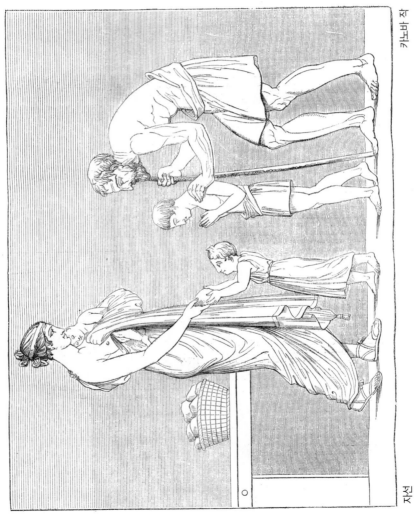

집회서 4:10

고아들에게 아버지가 되어 주고 그들의 어머니에게 남편 노릇을 해 주어라. 그러면 너는 지극히 높으신 분의 아들이 되고 그분께서 네 어머니보다 더 너를 사랑해 주시리라.

Ecclesiasticus 4:10

Be like a father to orphans, and as good as a husband to widows. And you will be like a son to the Most High, whose love for you will surpass your mother's.

자선   주세페 마리아 미텔리 작

집회서 Ecclesiasticus 4:10

자선   루드비히 리히터 작

집회서 5:1-2

재산을 믿지 말고 "넉넉하다."고 말하지 마라. 너 자신과 네 힘을 붙좇지 말고
마음의 욕망을 따르지 마라.

가진 것에 만족하는 사람   체사레 리파 작

Ecclesiasticus 5:1-2

Do not give your heart to your money, or say, "With this I am self-sufficient." Do not be led by your appetites and energy to follow the passions of your heart.

탐욕스러운 부자   세바스티안 브란트 작

집회서 Ecclesiasticus 5:4-5

"죄를 지었어도 내게 아무 일도 없었지 않은가?" 하지 마라. 주님께서는 분노에 더디시기 때문이다. 속죄를 과신하지 마라. 죄에 죄를 쌓을 뿐이다.

Do not say, "I sinned, and what happened to me?" for the Lord's forbearance is long. Do not be sure of forgiveness that you add sin to sin.

공적을 기록한 책

집회서 7:32-33

네 복이 완전해 지도록 가난한 이에게 네 손길을 뻗어라. 살아 있는 모든 이에게 호의를 베풀고 죽은 이에 대한 호의를 거두지 마라.

지혜로운 자선

체사레 리파 작

Ecclesiasticus 7:32-33

Stretch your hand out also to the poor man, that your blessing may be perfect. Be generous in your gifts to all the living, do not withhold your favor even from the dead.

자선   체사레 리파 작

집회서 8:2

부자와 다투지 마라. 그가 너를 짓누를까 두렵다. 황금이 많은 이들을 파멸시키고 임금들의 마음을 현혹시켰기 때문이다.

부유한 장사꾼　　　　　　　　　　　　체사레 리파 작

Ecclesiasticus 8:2

Do not quarrel with a rich man, in case he turns the scales against you;
for gold has destroyed many, and has swayed the hearts of kings.

탐욕스러운 부자   세바스티안 브란트 작

집회서 8:16

화 잘 내는 자와 다투지 말고 그와 함께 외진 길을 가지 마라. 피 흘림도 그의 눈에는 대수롭지 않아 아무런 도움도 받지 못할 곳에서 너를 덮치리라.

목격자를 매수하는 살인자

주세페 마리아 미텔리 작

Ecclesiasticus 8:16

Do not argue with a quick-tempered man, or travel with him through the wilderness; since blood counts for nothing in his eyes, and where no help is to be had, he will strike you down.

납치   세바스티안 브란트 작

집회서 9:2-3

너 자신을 여자에게 넘겨주어 그가 네 능력 위에 올라서지 못하게 하여라. 창부를 만나지 마라. 그의 덫에 걸릴까 염려된다.

여자의 말을 믿지 마라

주세페 마리아 미텔리 작

Ecclesiasticus 9:2-3

Do not give your soul to a woman, for her to trample on your strength.
Do not keep company with a harlot in case you get entangled in her
snares.

삼손과 들릴라   세바스티안 브란트 작

집회서 9:8

몸매 예쁜 여자에게서 눈을 돌리고 남의 아내의 아름다움을 유심히 바라보지 마라. 많은 사람들이 여자의 아름다움에 홀려 그에 대한 욕정을 불처럼 태운다.

옷차림이 좋은 여자는 머리가 나쁘다

주세페 마리아 미텔리 작

Ecclesiasticus 9:8

Turn your eyes away from a handsome woman, do not stare at the beauty that belongs to someone else. Woman's beauty has led many astray; it kindles desire like a flame.

여자를 낚아채는 사내   주세페 마리아 미텔리 작

집회서 10:6-7

이웃의 잘못에 일일이 화내지 말고 거만한 행동은 조금도 하지 마라. 오만은 주
님과 사람 앞에서 혐오스럽고 불의는 둘 다에게 역겹다.

오만한 여자　　　　　　　　　　　　　　　세바스티안 브란트 작

Ecclesiasticus 10:6-7

Do not resent your neighbor's every offense, and never act a fit of passion. Pride is hateful to God and man, and injustice is abhorrent to both.

오만   자크 카요 작

집회서 Ecclesiasticus 10:8

왕권은 민족에서 민족으로 넘겨지는데 불의와 폭력과 재물 때문에 그렇게 된다. 돈을 밝히는 자보다 더 무도한 자는 없으니 그런 자는 제 영혼조차 팔려고 내놓기 때문이다.

Empire passes from nation to nation because of injustice, arrogance and money.

고리대금 업자   세바스티안 브란트 작

집회서 Ecclesiasticus 12:3

악행을 고집하는 자에게는 좋은 일이 없다. 자선을 베풀지 않는 자도 마찬가
지다.

No good will come to a man who persists in evil, or who refuses to give
alms.

동정심   체사레 리파 작

집회서 Ecclesiasticus 13:15-16

모든 피조물은 저와 비슷한 존재를 사랑하고 모든 인간은 제 이웃을 사랑한다.

모든 생명체는 같은 종류와 어울리고 인간은 저를 닮은 자에게 집착한다.

Every living thing loves its own sort, and every man his neighbor.

Every creature mixes with its kind, and man sticks to his own sort.

온순한 야수들

집회서 13:19-20

광야에 사는 들 나귀가 사자의 먹이인 것처럼 가난한 이도 부자의 희생물이 된다. 겸손이 거만한 자에게 역겨운 것처럼 가난한 이도 부자에게 역겨움이다.

조롱당하는 빚쟁이 　　　　　　　　　　　　세바스티안 브란트 작

Ecclesiasticus 13:19-20

Wild donkeys are the prey of desert lions; so too, the poor are the quarry of the rich. The proud man thinks humility abhorrent; so too, the rich abominate the poor.

telli.I.e.F.

약육강식

주세페 마리아 미텔리 작

집회서 14:12-13

죽음은 더디 오지 않고 저승의 계약은 너에게 알려지지 않았다는 것을 기억하여
라. 네가 죽기 전에 친구에게 잘해 주고 힘닿는 대로 그에게 관대하게 베풀어라.

호의를 베풀라   체사레 리파 작

Ecclesiasticus 14:12-13

Remember that death will not delay, and that the covenant of Sheol has not been revealed to you. Be kind to your friend before you die, treat him as generously as you can afford.

관대함   체사레 리파 작

집회서 21:21

교훈은 현명한 이에게 금장식 같고 오른 팔목에 낀 팔찌와 같다.

좋은 충고   체사레 리파 작

Ecclesiasticus 21:21

To the shrewd man instruction is like a golden ornament, like a bracelet
on his right arm.

나쁜 모범은 교육이 아니다   세바스티안 브란트 작

집회서 26:16-17

집안을 깨끗하게 정돈하는 착한 아내의 아름다움은 주님의 창공에 떠오르는
태양과 같다. 다부진 몸매에 아름다운 얼굴은 거룩한 등경 위에서 빛나는 등불
과 같다.

순결   체사레 리파 작

Ecclesiasticus 26:16-17

Like the sun rising over the mountains of the Lord is the beauty of a good wife in a well-kept house. Like the lamp shining on the sacred lampstand is a beautiful face on a well-proportioned body.

정숙한 여인   체사레 리파 작

제 자식을 사랑하는 이는 그에게 종종 매를 댄다. 그러면 만년에 기쁨을 얻으리라. 제 자식을 올바로 교육하는 이는 그로 말미암아 덕을 보고 친지들 가운데에서 그를 자랑으로 삼으리라.

지혜의 길   율리우스 슈노르 폰 카롤스펠트 작

Ecclesiasticus 30:1-2

A man who loves his son will beat him frequently so that in after years the son may be his comfort. A man who is strict with his son will reap the benefit, and be able to boast of him to his acquaintances.

책을 읽어주는 어머니 　　　　　　　　루드비히 리히터 작

집회서 Ecclesiasticus 30:8-9

길들이지 않은 말은 거칠어지고 제멋대로 내버려둔 자식은 고집쟁이가 된다. 자녀의 응석을 받아 주기만 하면 그가 너를 섬뜩하게 하고 그와 놀아 주기만 하면 그가 너를 슬프게 하리라.

A horse badly broken-in turns out stubborn, an uncontrolled son turns out headstrong. Pamper your child, and he will give you fright, play with him, and he will bring you sorrow.

장난꾸러기   세바스티안 브란트 작

이사야서
The Book of Isaiah

이사야 Isaiah 1:1

아모츠의 아들 이사야가 유다의 임금 우찌야, 요탐, 아하즈, 히즈키야 시대에
유다와 예루살렘에 관하여 본 환시.

The vision of Isaiah son of Amoz concerning Judah and Jerusalem,
which he saw in the reigns of Uzziah, Jotham, Ahaz and Hezekiah,
kings of Judah.

이사야   미켈란젤로 작

이사야 Isaiah 1:4

아아, 탈선한 민족, 죄로 가득 찬 백성, 사악한 종자, 타락한 자식들! 그들은 주님을 버리고 이스라엘의 거룩하신 분을 업신여겨 등을 돌리고 말았다.

A sinful nation, a people weighed down with guilt, a breed of wrongdoings, perverted sons. They have abandoned Yahweh, despised the Holy One of Israel, they have turned away from him.

이사야와 마돈나

이사야 Isaiah 2:20-21

그날에 인간들은 자기들이 경배하려고 만든 은 우상들과 금 우상들을 두더지와 박쥐들에게 던져버리리니 주님께서 세상을 경악케 하시려 일어나실 때 그분에 대한 공포와 그분의 영광스러운 위엄을 피하여 바위동굴과 암석 틈으로 들어가기 위함이다.

That day man will fling to moles and bats the idols of silver and the idols of gold that he made for worship and go into the crevices of the rocks and the rifts of the crag, at the sight of the terror of Yahweh, at the brilliance of his majesty, when he arises to make the earth quake.

날다람쥐   흠정영역성서(1708년, 런던)

그들은 억눌리고 허기진 채 걸어간다. 허기가 지면 그들은 화를 내며 자기네 임
금과 자기네 하느님을 저주한다. 위를 향하여 고개를 쳐들었다가 땅을 내려다보
건만 보라, 고난과 암흑, 답답한 어둠뿐. 그 흑암 속으로 그들은 내던져지리라.

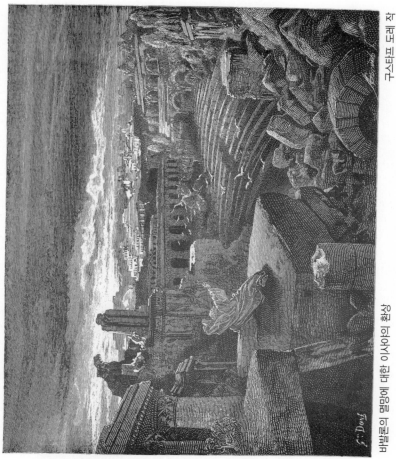

구 폼페이 신전

바닷가에 면한 폼페이 아고라의 유적

Isaiah 8:21-22

Distressed and starving he will wander through the country and, starving, he will become frenzied, blaspheming his king and his God; turning his gaze upward, then down to the earth, he will find only distress and darkness, the blackness of anguish, and will see nothing but night.

존 마틴 작

바빌론 왕 벨타사르의 대잔치

이사야 Isaiah 9:5

우리에게 한 아기가 태어났고 우리에게 한 아들이 주어졌습니다. 왕권이 그의 어깨에 놓이고 그의 이름은 놀라운 경륜가, 용맹한 하느님, 영원한 아버지, 평화의 군왕이라 불리리이다.

For there is a child born for us, a son given to us and dominion is laid on his shoulders; and this is the name they give him: Wonder Counselor, Mighty God, Eternal Father, Prince of Peace.

율리우스 슈노르 폰 카롤스펠트 작

그리스도에 관한 예언

이사야 11:7-8

암소와 곰이 나란히 풀을 뜯고 그 새끼들이 함께 지내리라. 사자가 소처럼 여물을 먹고 젖먹이가 독사 굴에서 장난하며 젖 떨어진 아이가 살무사 굴에 손을 디밀리라.

가축과 야수들　　　　　　　　흠정영역성서(1708년, 런던)

Isaiah 11:7-8

The cow and the bear make friends, their young lie down together. The lion eats straw like the ox. The infant plays over the cobra's hole; into the viper's lair the young child puts his hand.

평화롭게 어울리는 짐승들   15세기, 한스 발둥 작

이사야 13:21-22

오히려 사막의 짐승들이 그곳에 깃들이고 그들의 집들은 부엉이로 우글거리리
라. 타조들이 그곳에서 살고 염소 귀신들이 그곳에서 춤추며 놀리라. 그 궁성에
서는 늑대들이 울부짖고 안락하던 궁궐에서는 승냥이들이 울부짖으리라.

들개   흠정영역성서(1708년, 런던)

Isaiah 13:21-22

But beasts of the desert will lie there, and owls fill its houses. Ostriches will make their home there and satyrs have their dances there. Hyenas will call to each other in its keeps, jackals in the luxury of its palaces.

님프와 목양신   줄리오 보나소네 작

이사야 Isaiah 14:22-23

"나는 그들을 거슬러 일어나 바빌론의 명성과 그 생존자들을, 그 자손과 후손들을 뿌리 뽑으리라. 주님의 말씀이다. 나는 또 그곳을 고슴도치의 차지로, 물웅덩이로 만들고 그곳을 멸망의 빗자루로 쓸어버리리라."

"I will rise against them and wipe out name and remnant from Babylon. No offspring, no posterity — it is Yahweh who speaks. I will turn it into marshland, into a place for hedgehogs. I will sweep it with the broom of destruction."

바빌론은 고슴도치의 차지   흠정영역성서(1708년, 런던)

이사야 Isaiah 21:7

"병거와 두 줄 기마대, 나귀 대열과 낙타 대열을 보면 주의를 기울여, 단단히 주
의를 기울여 들으라고 하여라."

"If he sees cavalry, horsemen two by two, men mounted on donkeys,
men mounted on camels, let him observe, closely observe."

병거와 낙타   흠정영역성서(1708년, 런던)

이사야 Isaiah 25:1

주님, 당신은 저의 하느님, 제가 당신을 높이 기리며 당신 이름을 찬송하리니 당신께서 예로부터 세우신 계획대로 진실하고 신실하게 기적들을 이루신 까닭입니다.

Yahweh, you are my God, I extol you, I praise your name; for you have carried out your excellent design, long planned, trustworthy, true.

이사야   구스타프 도레 작

이사야 27:1

그날에 주님께서는 날카롭고 크고 세찬 당신의 칼로 도망치는 뱀 레비아탄을,
구불거리는 뱀 레비아탄을 벌하시고 바다 속 용을 죽이시리라.

레비아탄의 파멸   구스타프 도레 작

Isaiah 27:1

That day, Yahweh will punish, with his hard sword, massive and strong,
Leviathan the fleeting serpent, Leviathan the twisting serpent: he will
kill the sea dragon.

레비아탄   흠정영역성서(1708년, 런던)

이사야 Isaiah 28:25

그보다는 밭을 고르고 나서 검정풀 씨를 뿌리고 소회향 씨를 뿌린 다음 줄줄이
밀을 심고 적당한 자리에 보리를, 가장자리에는 귀리를 심지 않느냐?

Will he not, after he has leveled it, scatter fennel, sow cummin, put in
wheat and barley and, on the edges, spelt?

농사의 지혜　　　　　　　　흠정영역성서(1708년, 런던)

이사야 Isaiah 34:10

밤에도 낮에도 꺼지지 않아 그 연기가 끊임없이 치솟는다. 그 땅은 대대로 폐허가 되어 영영 그곳을 지나가는 이가 없으리라.

Never quenched night and day, its smoke goes up for ever, it shall lie waste age after age, no one will pass through it.

버림받은 땅 흠정영역성서(1708년, 런던)

이사야 Isaiah 34:12

그곳에서는 귀족들에게 더 이상 왕국이 선포되지 않고 제후들도 없어지리라.

The satyrs will make their home there, its nobles will be no more, kings will not be proclaimed there, all its princes will be brought to nothing.

폐허   흠정영역성서(1708년, 런던)

이사야 Isaiah 38:9, 12

병이 들었다가 그 병에서 회복된 유다 임금 히즈키야의 글이다. "목자들의 천막처럼 나의 거처가 뽑혀 내게서 치워졌으니 나는 베 짜는 이처럼 내 생을 감아들여야 했네. 그분께서 나를 베틀에서 잘라 버리셨네."

Canticle of Hezekiah king of Judah after his illness and recovery. "My tent is pulled up, and thrown away like the tent of a shepherd; like a weaver you roll up my life to cut it from the loom."

천막

이사야 Isaiah 38:14

"저는 제비처럼 두루미처럼 울고 비둘기처럼 탄식합니다. 위를 보느라 제 눈은
지쳤습니다. 주님, 곤경에 빠진 이 몸, 저를 돌보아 주소서."

"I am twittering like a swallow, I am moaning like a dove, my eyes turn
to the heights, take care of me, be my safeguard."

제비와 두루미　　　　　　　흠정영역성서(1708년, 런던)

이사야 Isaiah 40:12

누가 손바닥으로 바닷물을 되었고 장뼘으로 하늘을 재었으며 되로 땅의 먼지를 되었느냐? 누가 산들을 저울로 달고 언덕들을 천칭으로 달았느냐?

Who was it measured the water of the sea in the hollow of his hand and calculated the dimensions of the heavens, gauged the whole earth to the bushel, weighed the mountains in scales, the hills in a balance?

바닷물과 하늘　　　　　　흠정영역성서(1708년, 런던)

이사야 Isaiah 41:18

나는 벌거숭이산들 위에 강물이, 골짜기들 가운데에 샘물이 솟아나게 하리라.
광야를 못으로, 메마른 땅을 수원지로 만들리라.

I will make rivers well up on barren heights, and fountains in the midst
of valleys; turn the wilderness into a lake, and dry ground into
waterspring.

샘의 근원   흠정영역성서(1708년, 런던)

이사야 Isaiah 44:10-11

누가 쓸모없는 신을 빚어 만들고 우상을 부어 만드느냐? 보라, 그것을 신봉하는 자들은 모두 수치를 당한다. 그것을 만든 장인들은 인간일 따름이다.

Who ever fashioned a god or cast an image without hope of gain? Watch how its devotees will be put to shame, how its sculptors will blush.

우상의 제작 　　　　　　흠정영역성서(1708년, 런던)

이사야 Isaiah 44:18-19

그것들은 알지도 못하고 깨닫지도 못하니 눈은 들러붙어 보지 못하고 마음은 알아듣지 못하기 때문이다. 아무도 깊이 생각하지 않고 지각도 없고 분별력도 없어 "이제 남은 것으로 혐오스러운 것을 만들어 그 나무 조각 앞에 엎드려야 지." 하고 말할 줄도 모른다.

They know nothing, understand nothing. Their eyes are shut to all seeing, their heart to all reason. They never think, they lack the knowledge and wit to say, "And am I to make some abomination of what remains? Am I to bow down before a block of wood?"

우상의 제작   흠정영역성서(1708년, 런던)

이사야 51:9

깨어나소서, 깨어나소서, 힘을 입으소서, 주님의 팔이시여. 옛날처럼 오래전 그 시절처럼 깨어나소서. 라합을 쓰러뜨리시고 용을 꿰찌르신 이가 당신이 아니 십니까?

알브레히트 뒤러 作

바다 신들의 전투

Isaiah 51:9

Awake, awake! Clothe yourself in strength, arm of Yahweh. Awake, as in the past, in times of generations long ago. Did you not split Rahab in two, and pierce the Dragon through?

바다 괴물   알브레히트 뒤러 작

이사야 Isaiah 53:6-7

우리는 모두 양 떼처럼 길을 잃고 저마다 제 길을 따라갔지만 주님께서는 우리 모두의 죄악이 그에게 떨어지게 하셨다. 학대받고 천대받았지만 그는 자기 입을 열지 않았다. 도살장에 끌려가는 어린 양처럼 털 깎는 사람 앞에서 잠자코 서 있는 어미 양처럼 그는 자기 입을 열지 않았다.

We had all gone astray like sheep, each taking his own way, and Yahweh burdened him with the sins of all of us. Harshly dealt with, he bore it humbly, he never opened his mouth, like a lamb that is led to the slaughterhouse, like a sheep that is dumb before its shearers never opening its mouth.

털 깎이는 양   흠정영역성서(1708년, 런던)

이사야 Isaiah 55:12-13

정녕 너희는 기뻐하며 떠나고 평화로이 인도되리라. 산과 언덕들은 너희 앞에서 기뻐 소리치고 들의 나무들은 모두 손뼉을 치리라. 가시덤불 대신 방백나무가 올라오고 쐐기풀 대신 도금양나무가 올라오리라.

Yes, you will leave with joy and be led away in safety. Mountains and hills will break into joyful cries before you and all the trees of the countryside clap their hands. Cypress will grow instead of thorns, myrtle instead of briars.

방백나무와 도금양 나무   흠정영역성서(1708년, 런던)

이사야 59:4-5

정의로써 소송을 제기하는 이가 없고 진실로써 재판하는 이가 없다. 헛된 것을
믿고 거짓을 이야기하며 재앙을 잉태하여 악을 낳는 자들뿐이다. 그들은 독사
의 알을 까고 거미줄을 친다.

거미줄 흠정영역성서(1708년, 런던)

Isaiah 59:4-5

No one makes just accusations or plead sincerely. All rely on
nothingness, utter falsehood, conceive harm and give birth to misery.
They are hatching adder's eggs and weaving a spider's web.

거미줄   흠정영역성서(1708년, 런던)

이사야 60:1-2, 6

일어나 비추어라. 너의 빛이 왔다. 주님의 영광이 네 위에 떠올랐다. 자 보라, 어둠이 땅을 덮고 암흑이 겨레들을 덮으리라. 낙타 무리가 너를 덮고 미디안과 에파의 낙타들이 너를 덮으리라. 그들은 모두 스바에서 오면서 금과 유향을 가져와 주님께서 찬미받으실 일들을 알리리라.

많은 낙타들   흠정영역성서(1708년, 런던)

Isaiah 60:1-2, 6

Arise, shine out, for your light has come, the glory of Yahweh is rising on you, though night still covers the earth and darkness the people. Camels in throngs will cover you, and dromedaries of Midian and Ephah; everyone in Sheba will come, bringing gold and incense and singing the praise of Yahweh.

예레미야서
The Book of Jeremiah

예레미야 Jeremiah 1:1

벤야민 땅 아나톳에 살던 사제들 가운데 하나인 힐키야의 아들 예레미야의 말.

The words of Jeremiah son of Hilkiah, of a priestly family living at Anathoth in the territory of Benjamin.

예레미야   미켈란젤로 작

예레미야 Jeremiah 1:7-8

주님께서 나에게 말씀하셨다. " '저는 아이입니다.' 하지 마라. 너는 내가 보내
면 누구에게나 가야 하고 내가 명령하는 것이면 무엇이나 말해야 한다. 그들 앞
에서 두려워하지 마라. 내가 너와 함께 있어 너를 구해 주리라."

But Yahweh replied, "Do not say, 'I am a child.' Go now to those to
whom I send you and say whatever I command you. Do not be afraid of
them, for I am with you to protect you."

예레미야　　　　　　　　　　　　　　피에트로 페루지노 작

예레미야 Jeremiah 1:9-10

그러고 나서 주님께서는 당신 손을 내미시어 내 입에 대시며, 나에게 말씀하셨다. "이제 내가 너의 입에 내 말을 담아 준다. 보라, 내가 오늘 민족들과 왕국들을 너에게 맡기니, 뽑고 허물고 없애고 부수며 세우고 심으려는 것이다."

Then Yahweh put out his hand and touched my mouth and said to me: "There! I am putting my words into your mouth. Look, today I am sending you over nations and over kingdoms, to tear up and to knock down, to destroy and to overthrow, to build and to plant."

예레미야   구스타프 도레 작

예레미야 1:14-15

"북쪽에서 재앙이 터져 이 땅의 모든 주민 위에 덮칠 것이다. 이제 내가 북쪽 왕국들의 모든 족속을 불러들일 것이다. 주님의 말씀이다. 그들이 와서 저마다 제왕좌를 예루살렘 성문 입구에 차리고, 그 주변 모든 성벽과 유다의 모든 성읍에 맞설 것이다."

율리우스 슈노르 폰 카롤스펠트 작

예레미야

Jeremiah 1:14-15

"The North is where disaster is boiling over for all who live in this land; since I am now going to summon all the kingdoms of the North— it is Yahweh who speaks. They are going to come, and each will set his throne in front of the gates of Jerusalem, all around outside of its walls, and outside all the towns of Judah."

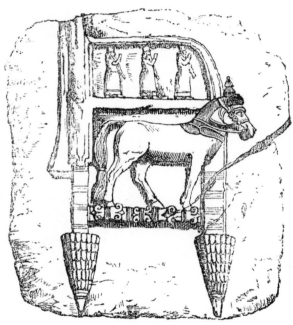

아시리아 왕의 옥좌

예레미야 2:14-15

이스라엘이 종이었더냐? 그가 씨종이더냐? 그런데 어찌하여 그가 약탈 대상이
되었단 말이냐? 힘센 사자들이 그에게 으르렁거리고 소리를 질러 댔다. 그들이
그의 땅을 폐허로 만드니 그의 성읍들은 주민들이 없는 빈 터가 되었다.

율리우스 슈노르 포 카롤스펠트 작

빼앗기며 신천

Jeremiah 2:14-15

Is Israel then a slave, or born to serfdom, for him to be preyed on like this? Lions have roared at him, loudly they have roared. They have reduced his land to a desert; his towns lie burnt and desolate.

멍에   체사레 리파 작

예레미야 2:16-17

게다가 멤피스와 타흐판헤스 사람들이 네 머리통을 부수었다. 이는 주 너의 하
느님이 길을 따라 너를 이끌 때 네가 그를 저버려 스스로 만든 결과가 아니냐?

룸라헤드리 작

이집트의 멤피스

예레미야 Jeremiah 2:16-17

The people of Noph and Tahpanhes have even shaved your skull! Have
you not brought this on yourself, by abandoning Yahweh your God?

종노릇

세바스티안 브란트 작

예레미야 Jeremiah 2:22

네가 비록 잿물로 네 몸을 씻고 비누를 아무리 많이 쓴다 해도 죄악의 얼룩은
그대로 내 앞에 남아 있다.

Should you launder yourself with potash and put in quantities of lye, I
should still detect the stain of your guilt.

죄악의 얼룩은 남는다   흠정영역성서(1708년, 런던)

예레미야 4:30

황폐해진 너 진홍색 옷을 걸치고 금붙이로 치장하며 눈을 돋보이게 화장하고 있으니 어쩌자는 것이냐? 아름답게 꾸며보았자 헛것이니 정부들이 너를 경멸하고 네 목숨을 노린다.

젊은 여인과 노파

Jeremiah 4:30

And you, what are you going to do? You may dress yourself in scarlet,
put on ornaments of gold, enlarge your eyes with paint but you make
yourself pretty in vain. Your lovers disdain you, your life is what they
are seeking.

이집트 여인의 화장과 문신

예레미야 Jeremiah 5:16-17

그들의 화살통은 열린 무덤과 같으니 그들은 모두 용사들이다. 그들은 네가 거둔 곡식과 양식을 먹어 치우고 네 아들딸들도 집어 삼키리라.

Their quiver is an open tomb; heroes all of them. They will devour your harvest and your food, devour your sons and daughters.

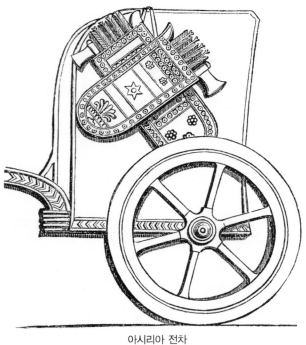

아시리아 전차

예레미야 6:20

스바에서 들여온 향료와 먼 지방에서 가져온 향초 줄기가 나에게 무슨 소용이
냐? 너희 번제물이 마음에 들지 않고 너희 제사가 나에게 기쁨이 되지 않는다.

솔로몬과 스바 여왕

Jeremiah 6:20

What do I care about incense imported from Sheba, or fragrant cane from a distant country? Your holocausts are not acceptable, your sacrifices do not please me.

제물을 바치는 카인과 아벨　　　　　　　　　　　구스타프 도레 작

예레미야 Jeremiah 6:29-30

풀무질을 세게 하고 납이 불에 녹아도 제련은 허탕만 칠 뿐이니 악인들이 없어
지지 않기 때문이다. 그들은 '버려진 은' 이라 불리리니 주님께서 그들을 버리
셨기 때문이다.

The bellows blast away to make the fire burn away the lead. In vain:
the smelter does his work, but the dross is not purged out. Silver reject,
men call them, and indeed Yahweh has rejected them!

금속 제련   흠정영역성서(1708년, 런던)

예레미야 7:18

하늘 여왕에게 과자를 만들어 바치려고 아이들은 나무를 주워 모으고, 아버지들은 불을 피우며 아낙네들은 밀가루를 반죽하고 있다. 또한 그들은 다른 신들에게 술을 바쳐 내 화를 돋우고 있다.

이집트 빵   로셀리니 작

Jeremiah 7:18

The children collect the wood, the fathers light the fire, the women knead the dough, to make cakes for the Queen of the Heaven; and, to spite me, they pour libations to alien gods.

이집트인의 화덕   로셀리니 작

예레미야 Jeremiah 8:7

하늘을 나는 황새도 제철을 알고 산비둘기와 제비와 두루미도 때맞춰 돌아오
는데 내 백성은 주님의 법을 알지 못하는구나.

Even the stork in the sky knows the appropriate season; turtledove,
swallow, crane observe their time of migration. And my people do not
know the ruling of Yahweh!

두루미

예레미야 Jeremiah 8:10

그러므로 내가 그들의 아내들을 다른 이들에게 주고 그들의 밭도 정복자들에게 주리라. 정녕 낮은 자부터 높은 자에 이르기까지 모두 부정한 이득만 챙긴다. 예언자부터 사제에 이르기까지 모두 거짓을 행하고 있다.

So I will give their wives to other men, their fields to new masters, for all, least no less than greatest, all are out for dishonest gain; prophet no less than priest, all practice fraud.

사제와 제물

예레미야 Jeremiah 8:17

이제 내가 너희 가운데 길들일 수 없는 뱀과 독사를 보내니 그것들이 너희를 물리라. 주님의 말씀이다.

Yes, now I send you serpents, adders, against which no charm exists; they will bite you — it is Yahweh who speaks — incurably."

독사

흠정영역성서(1708년, 런던)

예레미야 Jeremiah 8:21-22

내 딸 내 백성의 상처 때문에 내가 상처를 입었다. 나는 애도하고 공포에 사로잡혔다. 길앗에는 유향도 없고 그곳에는 의사도 없단 말이냐? 어찌하여 내 딸 내 백성의 건강이 회복되지 못하는가?

The wound of the daughter of my people wounds me too, all looks dark to me, terror grips me. Is there not balm in Gilead any more? Is there no doctor there? Then why does it make no progress, this cure of the daughter of my people?

길앗의 유향   흠정영역성서(1708년, 런던)

예레미야 Jeremiah 12:5

네가 사람들과 달리기를 하다가 먼저 지쳤다면 어찌 말들과 겨루겠느냐? 네가 안전한 땅에만 의지한다면 요르단의 울창한 숲 속에서는 어찌하겠느냐?

If you find it exhausting to race against men on foot, how will you compete against horses? If you are not secure in a peaceful country, how will you manage in the thickets along the Jordan?

하인들을 거느린 페르시아 고관

예레미야 Jeremiah 13:23

에티오피아 사람이 자기 피부색을, 표범이 자기 얼룩을 바꿀 수 있겠느냐? 그
럴 수만 있다면 악에 익숙해진 너희도 선을 행할 수 있으리라.

Can the Ethiopian change his skin, or the leopard his spots? And you,
can you do what is right, you so accustomed to wrong?

표범과 에티오피아 사람들   흠정영역성서(1708년, 런던)

예레미야 Jeremiah 16:6

이 땅에서 높은 자 낮은 자 할 것 없이 다 죽을 것이다. 그러나 그들은 묻히지도 못하고, 그들을 위해 곡을 해주는 자도 없을 것이다. 아무도 그들을 위해 제 몸에 상처를 내거나 머리를 밀지 않을 것이다.

High or low they will die in this land, without burial or lament; there will be no gashing, no shaving of the head for them.

이발사

예레미야 Jeremiah 17:5-6

주님께서 이렇게 말씀하신다. "사람에게 의지하는 자와 스러질 몸을 제 힘인 양 여기는 자는 저주를 받으리라. 그의 마음이 주님에게서 떠나 있다. 그는 사막의 덤불과 같아 좋은 일이 찾아드는 것을 보지 못하리라."

Yahweh says this: "A curse on the man who puts his trust in man, who relies on things of flesh, whose heart turns from Yahweh. He is like dry scrub in the wastelands: if good comes, he has no eyes for it."

사막의 덤불   흠정영역성서(1708년, 런던)

예레미야 Jeremiah 17:11

"올바르지 못한 방법으로 재산을 모은 자는 제가 낳지도 않은 알을 품는 자고 새와 같다. 한창때에 그는 재산을 잃고 끝내는 어리석은 자로 드러나리라."

The partridge will hatch eggs it has not laid. Similarly, the man who wins his wealth unjustly: his days half done, he must leave it, proving a fool after all.

자고새

예레미야 Jeremiah 18:4

옹기장이는 진흙을 손으로 빚어 옹기그릇을 만드는데, 옹기그릇에 흠집이 생기면 자기 눈에 드는 다른 그릇이 나올 때까지 계속해서 그 일을 되풀이하였다.
And whenever the vessels he was making came out wrong, as happens with the clay handled by potters, he would start afresh and work it into another vessel, as potters do.

옹기장이

예레미야 Jeremiah 19:5

"그들은 바알의 산당들을 세우고 저희 자식들을 불에 살라 바알에게 번제물로 바쳤는데, 이는 내가 명령한 적도 말한 적도 없으며, 내 마음에 떠오른 적도 없는 일이다."

"They had built high places for Baal to burn their sons there, which I had never ordered or decreed; which had never entered my thoughts."

아들들을 바알에게 바치다

예레미야 30:23-24

보라, 주님의 폭풍이, 그 노여움이 터져 나온다. 회오리치는 폭풍이 사악한 자들의 머리 위로 휘몰아친다. 주님께서는 마음속에 뜻하신 바를 이행하고 이루시기까지 주님의 타오르는 분노를 거두지 않으시리라. 훗날에야 너희는 그것을 깨달으리라.

머리말폭풍

Jeremiah 30:23-24

Now a storm of Yahweh breaks, a tempest whirls, it bursts over the head of the wicked; the anger of Yahweh will not turn aside until he has performed and carried out, the decision of his heart. You will understand this in the days to come.

야훼의 진노함

예레미야 Jeremiah 36:4

그래서 예레미야는 네리야의 아들 바룩을 불렀고, 바룩은 주님께서 예레미야 에게 이르신 모든 말씀을 예레미야가 불러 주는 대로 두루마리에 받아 적었다.

Jeremiah therefore summoned Baruch son of Neriah, who at his dictation wrote down on the scroll all the words Yahweh had spoken to him.

예레미야의 예언을 기록하는 바룩   구스타프 도레 작

예레미야 Jeremiah 46:22

"적군이 나무를 쓰러뜨리는 자들처럼 도끼를 들고 쳐들어오면 이집트는 뱀처럼 스치는 소리를 내며 도망간다."

Listen: a sound like a serpent hissing! Yes, they are coming in force to fall on her with their axes, with woodcutters.

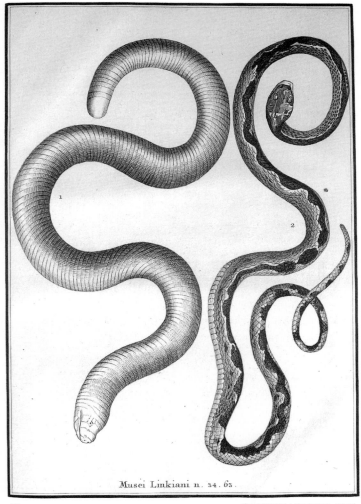

Musei Linkiani n. 34. 63.

뱀   흠정영역성서(1708년, 런던)

예레미야 Jeremiah 46:25

"내가 테베의 신 아몬과, 파라오와 이집트와 그 신들과 임금들과, 파라오와 그를 의지하는 자들을 벌하겠다."

"Now I mean to punish Amon of No with Pharaoh and those who put their trust in him.

메디넷 아부 작

이집트의 테베

예레미야 49:16

바위틈에 살고 언덕에 자리 잡은 자야 네가 일으킨 두려움과 네 마음의 교만이 너 자신을 속였다. 네가 독수리처럼 높은 곳에 보금자리를 차려도 내가 너를 거기에서 끌어 내리리라. 주님의 말씀이다.

페트라 계곡

Jeremiah 49:16

Your reputation for ferocity, your pride of heart, have led you astray, you whose home is in the holes in the rocks, who cling to the topmost peaks! Though you made your nest high as the eagle, I would still fling you down again—it is Yahweh who speaks.

페트라

예레미야 Jeremiah 49:17-18

에돔이 놀람 거리가 되어, 지나가는 사람마다 그를 보고 깜짝 놀라며, 그 모든 참상을 비웃을 것이다. 소돔과 고모라와 그 이웃 성읍들이 멸망했을 때처럼, ─주님께서 말씀하신다. ─아무도 거기에 살지 않고 그곳에 머무는 사람도 없을 것이다.

Edom will become a desolation; every passer-by will be appalled at it, and whistle in amazement at such calamity. As at the overthrow of Sodom and Gomorrah and their neighboring towns, no one will live there any more, Yahweh proclaims, no man will make his home there ever again.

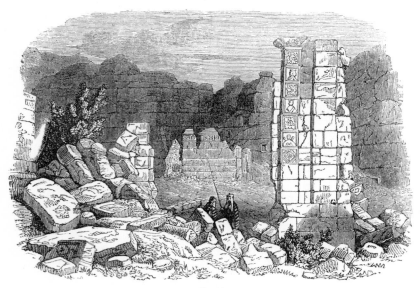

페트라

예레미야 50:2-3

바빌론이 점령된다. 벨이 수치를 당하고 므로닥이 공포에 질린다. 신상들이 수치를 당하고 우상들이 공포에 질린다. 북녘에서 한 민족이 바빌론을 치러 와 그 땅을 폐허로 만든다. 그러면 그것에 사는 자 아무도 없고 사람도 짐승도 도망쳐 가리라.

사를르 르 브룅 작

알렉산드로스 대왕의 바빌론 입성

Jeremiah 50:2-3

Babylon is captured, Bel disgraced, Merodach shattered. (Her idols are disgraced, her Obscenities shattered.) For a nation is marching on her from the North, to turn her country into a desert: no one will live there any more; man and beast have fled and gone.

바빌론 최후의 왕 벨타사르의 죽음

예레미야 Jeremiah 50:18-19

그러므로 만군의 주 이스라엘의 하느님께서 이렇게 말씀하신다. "이제 내가 아시리아 임금에게 벌을 내렸듯이, 바빌론 임금과 그 나라에도 벌을 내리겠다. 내가 이스라엘을 그 목장으로 되돌아가게 하리니 그가 카르멜과 바산에서 풀을 뜯고 에프라임 산악 지방과 길앗에서 배불리 먹으리라."

Therefore—Yahweh, the God of Israel, says this: Now I will punish the king of Babylon and his country as I punished the king of Assyria. I will bring Israel back to his pastures to browse on Carmel and in Bashan, and on the highlands of Ephraim and in Gilead to eat his fill.

바빌론과 니므롯 산   J.B. 프레이저 작

예레미야 50:23-24

어쩌다가 온 세상을 내리치던 망치가 부러지고 깨졌는가? 어쩌다가 바빌론이 민족들 가운데에서 놀람 거리가 되었는가? 바빌론아, 내가 너를 잡으려고 올가미를 놓았는데 너는 그걸 모르고 걸려들었구나.

바빌론

Jeremiah 50:23-24

What! Broken to pieces that hammer of the whole world? What!
Babylon become a thing of horror, throughout the nations? A snare was
set for you, and you were caught before you knew it.

J.B. 프레이저 작

바빌론

애가
The Book of Lamentations

애가 Lamentations 1:1

아, 사람들로 붐비던 도성이 외로이 앉아 있다. 뭇 나라 가운데에서 뛰어나던 도성이 과부처럼 되고 말았구나. 모든 지방의 여왕이 부역하는 신세가 되어 버렸구나.

Oh, how lonely she sits, the city once thronged with people, as if suddenly widowed. Though once great among the nations, she, the princess among provinces, is now reduced to vassalage.

예루살렘 폐허를 탄식하는 사람들　　　　　　　　　　구스타프 도레 작

애가 Lamentations 1:2

밤이면 울고 또 울어 뺨 위에 눈물이 그치지 않는구나. 그 모든 애인들 가운데 위로해 줄 자 하나 없고 벗들은 모두 그를 배반하여 원수가 되었다.

She passes her nights weeping; the tears run down her cheeks. Not one of all her lovers remains to comfort her. Her friends have all betrayed her and become her enemies.

홀로 고뇌하는 여인

애가 Lamentations 2:2

야곱의 모든 거처를 주님께서 사정없이 쳐부수시고 딸 유다의 성채들을 당신
격노로 허무시고 나라와 그 지도자들을 땅에 쓰러뜨려 욕되게 하셨다.

The Lord pitilessly destroyed all the homes of Jacob; in his displeasure
he has shattered the strongholds of the daughter of Judah; he has
thrown to the ground, he has left accursed the kingdom and its rulers.

애가 Lamentations 3:10-12

나에게 그분은 숨어 기다리는 곰, 매복하여 엿보는 사자. 내가 길에서 벗어나 내 몸이 굳어지게 하시고 나를 뻣뻣하게 만드셨네. 당신의 활을 당기시고 나를 화살 과녁으로 세우셨네.

For me he has been a lurking bear, a lion on the watch. He has filled my paths with briars and torn me, he has made me a thing of horror. He has bent his bow and taken aim, making me the target for his arrows.

페르시아 사자

애가 Lamentations 4:3-4

승냥이들도 가슴을 헤쳐 제 새끼들에게 젖을 먹이건만 내 딸 백성은 사막의 타조처럼 매정하게 되어 버렸구나. 젖먹이는 목말라 혀가 입천장에 달라붙고 어린것들은 빵을 달라고 애원하건만 그들에게 한 조각 주는 이가 없구나.

The very jackals give the breast, and suckle their young: but the daughters of my people have grown cruel like the ostriches of the desert. The tongue of the baby at the breast sticks to his palate for thirst, little children go begging for bread; no one spares a scrap for them.

타조

애가 Lamentations 4:19-20

우리의 추적자들은 하늘의 독수리보다 빨라 산에서는 우리를 맹렬하게 뒤쫓고 광야에서는 우리를 숨어 기다렸네. 우리의 목숨인, 주님의 기름 부음 받은 이는 저들의 구덩이에 붙잡혀 있다네.

Our pursuers were swifter than eagles in the sky; they dogged our steps in the mountains, they ambushed us in the desert. The breath of our nostrils, Yahweh's anointed, was captured in their pits.

독수리

애가 Lamentations 5:4-5

저희의 물을 돈 내고 마셔야 하고 저희의 땔감도 값을 치르고 들여야 합니다.
저희는 목에 멍에를 맨 채 심하게 내몰려 기운이 다 빠졌건만 숨 돌리기조차 허
락되지 않습니다.

We drink our own water—at a price; we have to pay for what is our
own firewood. The yoke is on our necks; we are persecuted; we are
worked to death; no relief for us.

나자렛의 우물

바룩서
The Book of Baruch

바룩 Baruch 1:1-3

이 책에 기록된 말씀은 바룩이 바빌론에서 쓴 것이다. 바룩은 네리야의 아들이다. 바룩은 칼데아인들이 예루살렘을 점령하여 불태운 지 오 년째 되던 해, 그 달 초이렛날에 이 책을 썼다.

These are the words of the book written in Babylon by Baruch son of Neraiah in the fifth year, on the seventh day of the month, at the time when the Chaldaeans captured Jerusalem and burned it down.

바룩

구스타프 도레 작

바룩 6:8-10

그들은 몸치장을 좋아하는 처녀에게 해 주듯, 금을 가져다가 관을 만들어 저희
신들의 머리에 씌운다. 그러나 사제들은 저희 신들에게서 금과 은을 떼어다가
자신들을 위해 함부로 쓰기도 하고 심지어 누각의 창녀들에게 주기도 한다.

디아나 여신에게 분향하는 트라야누스 황제

As though for a girl fond of finery, these pagans take gold and make crowns for the heads of their gods. Sometimes, the priests actually filch gold and silver from their gods to spend themselves, even using it on presents for the temple prostitutes.

바룩 Baruch 6:20-22

그 신들의 얼굴은 신전의 연기로 검게 그을렸다. 그 몸통과 머리 위에는 박쥐와 제비와 그 밖의 다른 새들뿐 아니라 고양이들까지 올라가 앉는다. 그래서 너희는 그것들이 신이 아님을 알게 될 것이다. 그러니 너희는 그것들을 무서워하지 마라.

They are unaware that their faces are blackened by the smoke that rises from the temple. Bats, swallows, birds of every kind flutter over their bodies and heads, and cats prowl there. From all this you can see for yourselves that they are not gods: do not be afraid of them.

유피테르 신   피디아스 작

바룩 Baruch 6:30 -32

사제들은 찢어진 속옷을 입고 머리와 수염을 깎고 머리를 가리지 않은 채, 그 신전에서 수레를 끈다. 그들은 초상집에서 온 사람들처럼, 자기네 신들 앞에서 소리치며 울부짖는다. 사제들은 그것들의 옷을 벗겨다가 제 아내와 자식들에 게 입힌다.

In their temples, the priests stay sitting down, their garments torn, heads and beards shaved and with heads uncovered; they roar and shriek before their gods as people do at funeral feasts. The priests take the robes of the gods to clothe their own wives and children.

각종 수염

에제키엘서
The Book of Ezekiel

에제키엘 Ezekiel 1:1

제삼십년 넷째 달 초닷새 날이었다. 나는 유배자들과 함께 크바르 강가에 있었다. 그때 하늘이 열리면서 나는 하느님께서 보여 주시는 환시를 보았다.

In the thirtieth year, on the fifth day of the fourth month, as I was among the exiles on the bank of the river Chebar, heaven opened and I saw visions from God.

에제키엘   미켈란젤로 작

에제키엘 Ezekiel 1:2-3

그달 초닷샛날, 곧 여호야킨 임금의 유배 제오년에, 주님의 말씀이 칼데아인들
의 땅 크바르 강 가에 있는, 부즈의 아들 에제키엘 사제에게 내리고, 주님의 손
이 그곳에서 그에게 내리셨다.

On the fifth of the month—it was the fifth year of exile for King
Jehoiachin—the word of Yahweh was addressed to the priest Ezekiel
son of Buzi, in the land of the Chaldaeans, on the bank of the river
Chebar. There the hand of Yahweh came on me.

예언하는 에제키엘 구스타프 도레 작

에제키엘 Ezekiel 1:4

그때 내가 바라보니, 북쪽에서 폭풍이 불어오면서, 광채로 둘러싸인 큰 구름과 번쩍거리는 불이 밀려드는데, 그 광채 한가운데에는 불 속에서 빛나는 금붙이 같은 것이 보였다.

I looked: a stormy wind blew from the north, a great cloud with light around it, a fire from which flashes of lightning darted, and in the center a sheen like bronze at the heart of the fire.

조반니 폰타나 작

에제키엘의 편 환상

에제키엘 Ezekiel 1:5-6

또 그 한가운데에서 네 생물의 형상이 나타났는데, 그들의 모습은 이러하였다.
그들은 사람의 형상 같았다. 저마다 얼굴이 넷이고, 날개도 저마다 넷이었다.
In the center I saw what seemed four animals. They looked like this.
They were of human form. Each had four faces, each had four wings.

에제키엘이 본 환시   라파엘로 작

에제키엘 Ezekiel 1:26

그들의 머리 위 궁창 위에는 청옥처럼 보이는 어좌 형상이 있고, 그 어좌 형상 위에는 사람처럼 보이는 형상이 앉아 있었다.

Above the vault over their heads was something that looked like a sapphire; it was shaped like a throne and high up on this throne was a being that looked like a man.

율리우스 슈노르 폰 카롤스펠트 작

에제키엘이 본 환시

에제키엘 Ezekiel 2:6

"그러니 너 사람의 아들아, 그들을 두려워하지 말고, 그들이 하는 말도 두려워
하지 마라. 비록 가시가 너를 둘러싸고, 네가 전갈 떼 가운데에서 산다 하더라
도, 그들이 하는 말을 두려워하지 말고, 그들의 얼굴을 보고 떨지도 마라. 그들
은 반항의 집안이다."

"And you, son of man, do not be afraid of them, do not be afraid when
they say, 'There are thorns all around you and scorpions under you.'
There is no need to be afraid of either their words or of their looks, for
they are a set of rebels."

전갈

에제키엘 Ezekiel 4:1-2

"너 사람의 아들아, 벽돌을 가져다가 앞에 놓고 그 위에 도성 하나를, 곧 예루살렘을 새겨라. 그런 다음 그 도성에 포위망을 쳐라. 공격 보루를 세우고 공격 축대를 쌓아라. 또 진을 치고 성벽 부수는 기계를 성 둘레에 놓아라."

"Son of man, take a brick and lay it in front of you; on it scratch a city, Jerusalem. You are then to beseige it, trench around it, build earthworks, pitch camps and bring up battering-rams all around."

예루살렘의 포위　　　　흠정영역성서(1708년, 런던)

에제키엘 Ezekiel 6:6-7

"너희가 사는 곳마다 성읍들은 폐허가 되고 산당들은 황폐해질 것이다. 너희 제단들은 폐허가 되고 황폐해지며, 너희 우상들은 부서져 없어지고, 너희 분향 제단들은 조각날 것이다. 이렇게 너희가 만든 것들은 없어지고, 너희 한가운데 에는 살해된 자들이 널릴 것이다. 그제야 너희는 내가 주님임을 알게 될 것이 다."

Throughout your territory the towns will be destroyed and the high places wrecked, to the ruin and wrecking of your altars, the shattering and abolition of your idols, the smashing of your incense burners and the utter destruction of all your works. Among you men will fall, and be cut to pieces; and so you will learn that I am Yahweh.

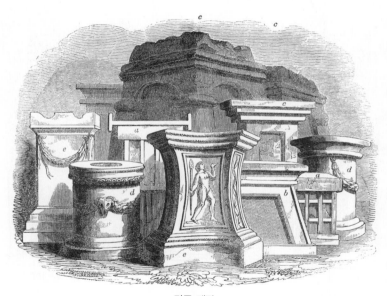

각종 제단

에제키엘 Ezekiel 8:10

그래서 내가 들어가서 바라보니, 기어 다니는 온갖 생물과 혐오스러운 짐승과 이스라엘 집안에서 섬기는 온갖 우상들의 그림이 사방의 벽에 돌아가며 새겨져 있었다.

I went in and looked: all sorts of images of snakes and repulsive animals and all the idols of the House of Israel drawn on the wall all around.

형상들의 홀　　　　　　　　　　　　　　　　덴데라 신전의 회랑 내부

에제키엘 Ezekiel 9:2

그러자 북쪽으로 난 윗대문 쪽에서 여섯 사람이 오는데, 저마다 파괴의 무기를 손에 들고 있었다. 그런데 그들 가운데 한 사람은 아마포 옷을 입고, 허리에는 서기관 필갑을 차고 있었다. 그들은 이렇게 와서 구리 제단 곁에 섰다.

Immediately six men advanced from the upper north gate, each holding a deadly weapon. In the middle of them was a man in white, with a scribe's ink horn in his belt. They came in and halted in front of the bronze altar.

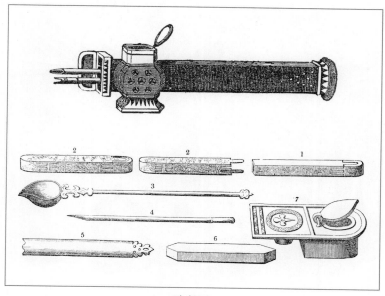

필기도구

에제키엘 Ezekiel 13:9-10

"거짓 환시를 보고 속임수 점괘를 말하는 예언자들에게 나는 손을 대겠다. 정녕, 평화가 없는데도 그들은 평화롭다고 말하면서, 내 백성을 잘못 이끌었다. 그들은 내 백성이 담을 쌓으면 회칠이나 하는 자들이다."

"I am going to stretch my hand over the prophets who have empty visions and give lying predictions. They have misled my people by saying: Peace! when there is no peace. Instead of my people rebuilding the wall, these men come and slap on plaster."

회벽 바르는 사람들

에제키엘 16:13

"이렇게 너는 금과 은으로 치장하고, 아마포 옷과 비단옷과 수놓은 옷을 입고
서, 고운 곡식 가루 음식과 꿀과 기름을 먹었다. 너는 더욱 더 아름다워져 왕비
자리까지 오르게 되었다."

이집트의 자수 제품

Ezekiel 16:13

"You were loaded with gold and silver, and dressed in fine linen and embroidered silks. Your food was the finest flour, honey and oil. You grew more and more beautiful; and you rose to be queen."

자수 놓는 사람들

에제키엘 Ezekiel 17:19-20

"내가 살아 있는 한, 나는 그가 무시한 나의 맹세와 그가 깨뜨린 나의 계약을 그의 머리 위로 되갚겠다. 나는 그를 잡으려고 그물을 쳐 놓겠다. 내가 친 망에 걸리면, 나는 그를 바빌론으로 끌고 가서, 그가 나에게 저지른 배신을 그곳에서 심판하겠다."

"As I live, I swear: my oath which he has ignored, my treaty which he has broken, I will make them both recoil on his own head. I mean to throw my net over him and catch him in my mesh; I mean to take him to Babylon and punish him there for breaking his oath to me."

새 잡는 그물

에제키엘 Ezekiel 19:1-2

"너는 이스라엘의 제후들을 위하여 애가를 불러라. 이렇게 노래하여라. '너의 어머니는 어떤 어머니였는가? 수사자들에게 둘러싸인 암사자가 아니었던가? 힘센 사자들 틈에 누워 새끼들을 돌보던 암사자였다네.'"

"As for you, raise a dirge for the princes of Israel. Say: 'What was your mother? A lioness surrounded by lions; lying among the cubs she nursed her whelps.'"

암사자와 새끼들

에제키엘 Ezekiel 19:10-11

'너의 어머니는 물가에 심긴 포도밭의 포도나무 같았지. 물이 많아서 열매가
풍성하고 가지가 무성하였는데 그 가운데 튼튼한 줄기 하나가 통치자의 홀이
되었네.'

'Your mother was like a vine planted beside the water, fruitful and
leafy, because the water flowed so full. It put out strong branches that
turned to royal scepters.'

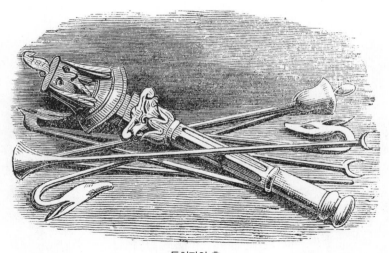

통치자의 홀

에제키엘 Ezekiel 21:24-26

"그리고 표지판을 세우는데, 각 성읍으로 향하는 길 어귀에 그것을 세워라. 너는 칼이 암몬인들의 라빠로 갈 길과, 유다의 요새 예루살렘으로 갈 길을 그려라. 바빌론 임금이 그 두 길의 어귀, 갈림길에 서서 점을 칠 것이다."

"Put up a signpost where they begin, showing the way to a city, showing the sword the way to Rabbah of the Ammonites, and the way to Judah, to the fortress of Jerusalem. For the king of Babylon has halted at the fork where these two roads diverge, to take the omens."

동쪽에서 바라본 암몬

에제키엘 Ezekiel 21:27

"그의 오른쪽에는 예루살렘을 가리키는 점괘가 나와 있다. 성벽 부수는 기계를 놓고 학살 명령을 내리며, 전투의 함성을 올리고 성문마다 성벽 부수는 기계를 놓으며, 공격 축대를 쌓고 공격 보루를 만드는 점괘다."

"Into his right hand the lot for Jerusalem falls; there he must set up battering-rams against gates, gibe the words for slaughter, raise war cry, level battering-rams against the gates, cast up earthworks, build entrenchments."

성벽 부수는 기계

에제키엘 Ezekiel 24:3-4

"바빌론 임금이 바로 오늘 예루살렘을 포위하였다. 너는 저 반항의 집안에게 비유를 들려주어라. 그들에게 말하여라. '주 하느님이 이렇게 말한다. 솥을 걸어라, 걸어라. 물을 붓고 고깃덩이들을 집어넣어라.'"

"This is the very day the king of Babylon has laid siege to Jerusalem. So pronounce a parable for this set of rebels. Say, 'The Lord Yahweh says this: Put the pot on the fire; put it on; pour water into it. Put cuts of meat in too.'"

주방기구

에제키엘 Ezekiel 26:3-4

"그러므로 주 하느님께서 이렇게 말한다. 티로야, 나 이제 너를 대적하리라. 바다가 물결을 밀어 올리듯 내가 너를 거슬러 많은 민족들을 불러올리리라. 그들은 티로의 성벽을 부수고 탑들을 허물어뜨리리라. 나는 그곳에서 흙을 쓸어 내어 맨 바위로 만들어 버리리라."

"Very well, the Lord Yahweh says this: Now, Tyre, I set myself against you. I mean to cause many nations to surge against you like the sea and its waves. They will destroy the walls of Tyre, they will demolish her towers; I will sweep away her dust and leave her a naked rock."

티로 해안의 폐허   카사스 작

에제키엘 Ezekile 27:17-18

"유다와 이스라엘 땅도 너와 장사를 하여, 민닛 밀, 기장, 꿀, 기름, 유향을 주고 네 물품을 가져갔다. 너에게는 제품도 많고 온갖 재물도 많아, 다마스쿠스도 헬본 포도주와 차하르의 양털을 가져와 너와 무역을 하였다."

"Judah and the land of Israel also traded with you, supplying you with corn from Minnith, wax, honey, tallow and balm. Damascus was your client, because of the plentifulness of your goods and the immensity of your wealth, furnishing you with wine from Helbon and wool from Zahar."

이스라엘 상인   흠정영역성서(1708년, 런던)

에제키엘 Ezekile 28:2

"사람의 아들아, 티로의 군주에게 말하여라. '주 하느님이 이렇게 말한다. 너는 마음이 교만하여 '나는 신이다. 나는 신의 자리에, 바다 한가운데에 앉아 있다.' 하고 말한다. 너는 신이 아니라 사람이면서도 네 마음을 신의 마음에 비긴다.'"

"The Lord Yahweh says this: Being swollen with pride, you have said: I am a god; I am sitting on the throne of God, surrounded by the sea. Though you are a man and not a god, you consider yourself the equal of God."

티로 항구의 배   흠정영역성서(1708년, 런던)

에제키엘 Ezekiel 28:7-8

"그러므로 나 이제 이방인들을, 가장 잔혹한 민족들을 너에게 끌어들이리니 그들이 칼을 빼들어 네 지혜로 이룬 아름다운 것들을 치고 너의 영화를 더럽히며 너를 구덩이에 내던지리라. 그러면 너는 바다 한가운데에서 무참한 죽음을 맞이하리라."

"Very well, I am going to bring foreigners against you, the most barbarous of the nations. They will draw sword against your fine wisdom, they will defile your glory; they will throw you down into the pit and you will die a violent death surrounded by the sea."

고대의 전함　　　　흠정영역성서(1708년, 런던)

에제키엘 Ezekiel 29:6-7

"그제야 이집트 주민들이 모두 내가 주님임을 알게 되리라. 너는 이스라엘 집 안에게 갈대 지팡이밖에 되지 못하였다. 그들이 손으로 너를 붙잡으면 너는 부러지면서 그들의 어깨를 찢고 그들이 너를 의지하면 너는 꺾어지면서 그들의 허리를 온통 휘청거리게 하였다."

"All the inhabitants of Egypt may learn that I am Yahweh, since they have given no more support than a reed to the House of Israel. Whenever they grasped you, you broke in their hands and cut their hands all over. Whenever they leaned on you, you broke and left their loins shaking."

갈대   흠정영역성서(1708년, 런던)

에제키엘 Ezekile 29:10

"그러므로 나 이제 너와 너의 나일 강을 대적하여, 이집트 땅을 믹돌에서 시에 네까지, 에티오피아 국경에 이르기까지 폐허와 황량한 불모지로 만들겠다."

"Very well, now I set myself against you and your Niles. I mean to reduce Egypt to desert and desolation, from Migdol to Syene and beyond to the frontiers of Ethiopia."

시에네 (아스원) 풍경

"온과 피 베셋의 젊은이들은 칼에 맞아 쓰러지고 주민들은 포로로 끌려가리라. 내가 타흐판헤스에서 이집트의 멍에를 부수어 버릴 때 그곳은 대낮인데도 캄캄해지고 그 성읍의 자랑스러운 힘도 다하리라."

"The young men of On and Pi-beseth will fall by the sword and the cities themselves go into captivity. At Tahpanhes day will turn to darkness when I shatter the yoke of Egypt there, when the pride of her strength ceases."

온 (헬리오폴리스) 평원과 오벨리스크

에제키엘 37:13-14

"내 백성아, 내가 이렇게 너희 무덤을 열고, 그 무덤에서 너희를 끌어 올리면, 그제야 너희는 내가 주님임을 알게 될 것이다. 내가 너희 안에 내 영을 넣어 주어 너희를 살린 다음, 너희 땅으로 데려다 놓겠다."

부활의 환시   구스타프 도레 작

Ezekiel 37:13-14

"And you will know that I am Yahweh, when I open your graves and raise you from your graves, my people. And I shall put my spirit in you, and you will live, and I shall resettle you on your own soil."

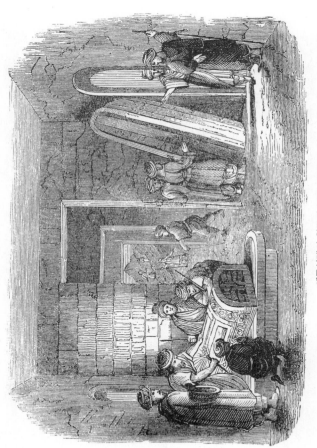

예루살렘의 왕들의 무덤 내부

에제키엘 Ezekiel 40:3

그분께서 나를 그곳으로 데리고 가셨을 때, 거기에 어떤 사람이 서 있었는데, 그 모습은 빛나는 구리 같았다. 그는 아마줄과 측량 장대를 손에 들고 대문에 서 있었다.

He took me to it, and there I saw a man who seemed to be made of bronze. He had a flax cord and a measuring rod in his hand and was standing in the gateway.

빛나는 구리와 같은 사람 　　흠정영역성서(1708년, 런던)

에제키엘 Ezekiel 40:6

그가 동쪽으로 난 대문으로 가서 층계를 올라가 문지방을 재니, 너비가 한 장대였다. 문지방 하나의 너비가 한 장대였던 것이다.

He went to the east gate, climbed the steps and measured its threshold: one rod deep.

건물과 문   흠정영역성서(1708년, 런던)

에제키엘 Ezekiel 40:14

그런 다음 현관을 재니 스무 암마였는데, 대문 현관은 뜰로 둘러싸여 있었다.

He measured the porch: twenty cubits; after the porch of the gate came the outer court.

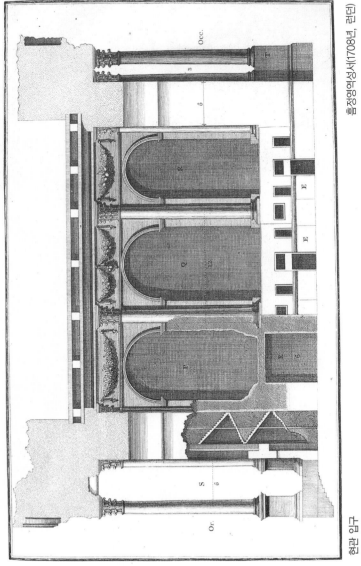

상 안쪽으로는 손바닥 너비만 한 테두리가 사방으로 달려 있었다. 그리고 그 상들 위에는 예물로 바치는 살코기를 놓게 되어 있었다.

희생제물의 고기   흠정영역성서(1708년, 런던)

Ezekiel 40:43

Rims, a handbreath broad, went all around the top, and on these tables was put the sacrificial flesh.

장 프랑수아 라그르네 작

제물과 천사

주 하느님은 이렇게 말한다. 마음에 할례를 받지 않고 몸에도 할례를 받지 않은 이방인은 누구도 내 성전에 들어올 수 없다. 이스라엘 자손들 가운데에 사는 어떤 이방인도 마찬가지다.

The Lord Yahweh says this: No alien, uncircumcised in heart and body, is to enter my sanctuary, none those aliens living among the Israelites.

번제 제단　　　　　흠정영역성서(1708년, 런던)

에제키엘 Ezekiel 47:11-12

"그러나 늪과 웅덩이 물은 되살아나지 않은 채, 소금을 얻을 수 있도록 남아 있을 것이다. 이 강가 이쪽저쪽에는 온갖 과일나무가 자라는데, 잎도 시들지 않으며 과일도 끊이지 않고 다달이 새 과일을 내놓는다. 이 물이 성전에서 나오기 때문이다. 그 과일은 양식이 되고 잎은 약이 된다."

"The marshes and lagoons, however, will not become wholesome, but will remain salt. Along the river, on either bank, will grow every kind of fruit tree with leaves that never wither and fruit that never fails; they will bear new fruit every month, because this water comes from the sanctuary. And their fruit will be good to eat and the leaves medicinal."

사해 풍경   포빈 작

다니엘서
The Book of Daniel

다니엘 1:3, 6

그러고 나서 임금은 내시장 아스프나즈에게 분부하여, 이스라엘 자손들 가운데에서 왕족과 귀족 몇 사람을 데려오게 하였다. 그들 가운데 유다의 자손으로는 다니엘, 하난야, 미사엘, 아자르야가 있었다.

다니엘   미켈란젤로 작

Daniel 1:3, 6

The King ordered Ashpenaz, his chief eunuch, to select from the Israelites a certain number of boys of either royal or noble descent. Among them were Daniel, Hananiah, Mishael, and Azariah, who were Judaeans.

다윗과 다니엘

다니엘 Daniel 1:17

이 네 젊은이에게 하느님께서는 이해력을 주시고 모든 문학과 지혜에 능통하게 해 주셨다. 다니엘은 모든 환시와 꿈도 꿰뚫어 볼 수 있게 되었다.

And God favored these four boys with knowledge and intelligence in everything connected with literature, and in wisdom; while Daniel had the gift of interpreting every kind of vision and dream.

다니엘   구스타프 도레 작

다니엘 Daniel 3:14-15

네부카드네자르가 그들에게 물었다. "이제라도 뿔 나팔, 피리, 비파, 삼각금, 수금, 풍적 등 모든 악기 소리가 날 때에 너희가 엎드려, 내가 만든 상에 절할 준비가 되어 있다면 몰라도, 그렇지 않으면 곧바로 타오르는 불가마 속으로 던져질 것이다. 그러면 어느 신이 너희를 내 손에서 구해 낼 수 있겠느냐?"

Nebuchadnezzar addressed them, "When you hear the sound of horn, pipe, lyre, trigon, harp, bagpipe or any other instrument are you prepared to prostrate yourselves and worship the statue I have made? If you refuse to worship it, you must be thrown straight away into the burning furnace; and where is the God who could save you from my power?"

이집트이 피리

로마의 이중 피리

그리스의 이중 피리

다니엘 Daniel 3:21

그리하여 그 세 사람은 겉옷과 바지와 쓰개와 그 밖의 옷을 입은 채로 묶여서,
타오르는 불가마 속으로 던져졌다.

They were then bound, fully clothed, cloak, hose and headgear, and
thrown into the burning fiery furnace.

불가마   흠정영역성서(1708년, 런던)

다니엘 Daniel 3:39-40

"그렇지만 저희의 부서진 영혼과 겸손해진 정신을 보시어 저희를 숫양과 황소의 제물로, 수만 마리의 살진 양으로 받아 주소서. 이것이 오늘 저희가 당신께 바치는 희생 제물이 되어 당신을 온전히 따를 수 있게 하소서."

"But may the contrite soul, the humbled spirit be as acceptable to you as holocausts of rams and bullocks, as thousands of fattened lambs: such let our sacrifice be to you today, and may it be your will that we follow you wholeheartedly."

불가마에 던져진 세 청년   구스타프 도레 작

다니엘 Daniel 5:5-6

그런데 갑자기 사람 손가락이 나타나더니, 촛대 앞 왕궁 석고 벽에 글을 쓰기
시작하였다. 임금은 글자를 쓰는 손을 보고 있었다. 그러다가 임금은 얼굴빛이
달라졌다. 떠오르는 생각들이 그를 놀라게 한 것이다. 허리의 뼈마디들이 풀리
고 무릎이 서로 부딪쳤다.

Suddenly the fingers of a human hand appeared, and began to write on
the plaster of the palace wall, directly behind the lampstand; and the
king could see the hand as it wrote. The king turned pale with alarm:
his thigh joints went slack and his knees began to knock.

벨사차르 왕이 본 환영   렘브란트 작

다니엘 Daniel 5:7

“누구든지 저 글자를 읽고 그 뜻을 밝혀 주는 사람은, 자주색 옷을 입히고 금 목걸이를 목에 걸어 주고 이 나라에서 셋째 가는 통치자로 삼겠다.”

“Anyone who can read this writing and tell me what it means shall be dressed in purple, and have a chain of gold put around his neck, and be third in rank in the kingdom.”

벨사차르 왕의 환상 웨스트 작

" '므네' 는 하느님께서 임금님의 나라의 날수를 헤아리시어 이 나라를 끝내셨
다는 뜻입니다. '트켈' 은 임금님을 저울에 달아보니 무게가 모자랐다는 뜻입니
다. '프레스' 는 임금님의 나라가 둘로 갈라져서, 메디아인들과 페르시아인들
에게 주어졌다는 뜻입니다."

벽에 씌어진 글씨를 해설하는 다니엘   구스타프 도레 작

Daniel 5:26-28

"Mene: God has measured your sovereignty and put an end to it; Tekel: you have been weighed in the balance and found wanting; Parsin: your kingdom has been divided and given to the Medes and the Persians."

율리우스 슈노르 폰 카롤스펠트 작

다니엘

다니엘 Daniel 5:30-6:1

바로 그날 밤에 칼데아 임금 벨사차르가 살해되었다. 그리고 메디아 사람 다리우스가 그 나라를 이어받았다. 그의 나이 예순두 살이었다.

서쪽에서 바라본 바빌론

Daniel 5:30-6:1

That same night, the Chaldaean king Belshazzar was murdered, and Darius the Mede received the kingdom, at the age of sixty-two.

페르시아 군사들

다니엘 6:16-17

그러자 그 사람들이 임금에게 몰려가서 말하였다. "임금님, 임금님이 세우신
금령과 법령은 무엇이든지 바꿀 수 없다는 것이 메디아와 페르시아의 법임을
알아두시기 바랍니다." 그리하여 임금이 분부를 내리자 사람들이 다니엘을 끌
고 가서 사자 굴에 던졌다.

사자굴의 다니엘 　　　　　　　　　흠정영역성서(1708년, 런던)

Daniel 6:16-17

But the men came back in a body to the king and said, " O king, remember that in conformity with the law of the Medes and the Persians, no edict or decree can be altered when once issued by the king." The king then ordered Daniel to be fetched and thrown into the lion pit.

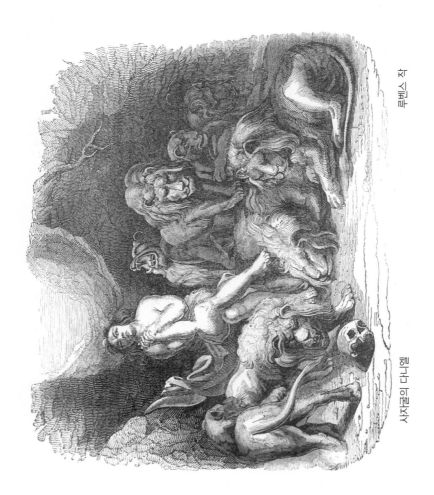

루벤스 작

사자굴의 다니엘

사자굴의 다니엘

1652년경, 렘브란트 작

다니엘 6:22-23

그러자 다니엘이 임금님에게 대답하였다. "임금님, 만수무강하시기를 빕니다. 저의 하느님께서 천사를 보내시어 사자들의 입을 막으셨으므로, 사자들이 저를 해치지 못하였습니다. 제가 그분 앞에서 무죄하다는 사실이 드러났기 때문입니다. 그리고 임금님, 저는 임금님께 잘못을 저지르지 않았습니다."

사자굴의 다니엘   구스타프 도레 작

Daniel 6:22-23

Daniel replied, "O king, live forever! My God sent his angel who sealed the lions' jaws, they did me no harm, since in his sight I am blameless, and I have never done you any wrong either, O king."

율리우스 슈노르 폰 카룰스펠트 작

사자굴의 다니엘과 하버국

다니엘 Daniel 6:25

임금은 분부를 내려, 악의로 다니엘을 고발한 그 사람들을 끌어다가, 자식들과
아내들과 함께 사자 굴속으로 던지게 하였다. 그들이 굴 바닥에 채 닿기도 전에
사자들이 달려들어 그들의 뼈를 모조리 부수어 버렸다.

The king sent for the men who had accused Daniel and had them
thrown into the lion pit, they, their wives and their children: and they
had not reached the floor of the pit before the lions had seized them and
crushed their bones to pieces.

악인들의 최후   흠정영역성서(1708년, 런던)

다니엘은 다리우스의 통치 때와 페르시아의 키루스 통치 때에 이렇게 성공을
거두었다.

다니엘의 무덤

Daniel 6:29

This Daniel flourished in the reign of Darius and the reign of Cyrus the Persian.

키루스 왕의 무덤

다니엘 Daniel 7:2-3

"내가 밤에 환시 속에서 앞을 보고 있었는데, 하늘에서 불어오는 네 바람이 큰 바다를 휘저었다. 그러자 서로 모양이 다른 거대한 짐승 네 마리가 바다에서 올라왔다."

"I have been seeing visions in the night. I saw that the four winds of heaven were stirring up the great sea; four great beasts emerged from the sea, each different from the other."

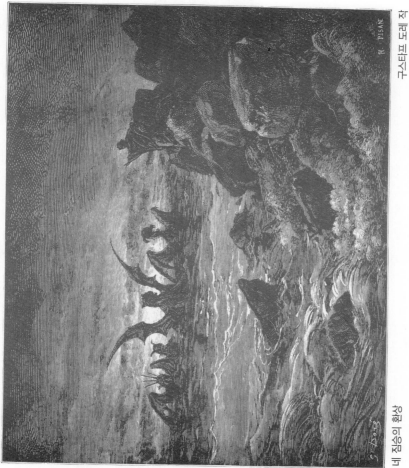

구스타프 도레 작

네 짐승의 환상

다니엘 Daniel 8:5

"나는 곰곰이 생각하고 있었다. 그때에 숫염소 한 마리가 서쪽에서 오는데, 발이 땅에 닿지 않을 만큼 재빠르게 온 세상을 가로지르며 오는 것이었다. 그 숫염소의 두 눈 사이에는 당당한 뿔 하나가 나 있었다."

"This is what I observed.: a he-goat came from the west, having covered the entire earth but without touching the ground, and between its eyes the goat had one majestic horn."

알렉산드로스 대왕

다니엘 12:1-2

"그때에 네 백성의 보호자 미카엘 대제후 천사가 나서리라. 또한 나라가 생긴 이래 일찍이 없었던 재앙의 때가 오리라. 그때에 네 백성은, 책에 쓰인 이들은 모두 구원을 받으리라. 또 땅 먼지 속에 잠든 사람들 가운데에서 많은 이가 깨어나 어떤 이들은 영원한 생명을 얻고 어떤 이들은 수치를, 영원한 치욕을 받으리라."

미카엘 천사　　　　　　　　　　　페루지노 작

Daniel 12:1-2

"At that time Michael will stand up, the great prince who mounts guard over your people. There is going to be a time of great distress, unparalleled since nations first came into existence. When that time comes, your own people will be spared, all those whose names are found written in the Book. Of those who lie sleeping in the dust of the earth many will awake, some to everlasting life, some to shame and everlasting disgrace."

미카엘 천사   라파엘로 작

다니엘 13:5

그런데 그 해에 어떤 두 원로가 백성 가운데에서 재판관으로 임명되었다. 바로 그들을 두고 주님께서 이렇게 말씀하신 적이 있었다. "바빌론에서, 백성의 지도자로 여겨지는 재판관인 원로들에게서 죄악이 나왔다."

목욕하는 수산나

구스타프 도레 작

Daniel 13:5

Two elderly men had been selected from the people that year to act as judges. Of such the Lord said, "Wickedness has come to Babylon through the elders and judges posing as guides to the people."

목욕하는 여자   루드비히 리히터 작

그들이 알맞은 날을 엿보고 있을 때, 수산나가 여느 때와 마찬가지로 하녀 둘만
데리고 정원으로 들어갔다. 그리고 날이 무더웠으므로 그곳에서 목욕을 하려고
하였다. 거기에는 숨어서 수산나를 엿보는 그 두 원로 말고는 아무도 없었다.

So they waited for a favorable moment; and one day Susanna came as
usual, accompanied only by two young maidservants. The day was hot
and she wanted to bathe in the garden. There was no one about except
the two elders, spying on her from their hiding place.

목욕하는 수산나   장 밥티스트 상태르 작

다니엘 13:22-23

수산나는 탄식하면서 말하였다. "나는 꼼짝 못할 곤경에 빠졌소. 그렇게 하면 나에게 죽음이고, 그렇게 하지 않는다 하여도 당신들 손아귀에서 빠져나갈 수가 없을 것이오. 주님 앞에서 죄를 짓느니, 차라리 그렇게 하지 않고 당신들 손아귀에 걸려드는 편이 더 낫소."

목욕하는 수산나와 원로들　　　　　　　　　　　　　　장 프랑수아 드 트로이 작

Susanna sighed, "I am trapped," she said, "whatever I do. If I agree, that means my death; if I resist, I cannot get away from you. But I prefer to fall innocent into your power than to sin in the eyes of the Lord."

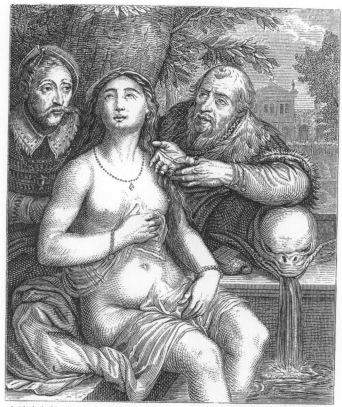

수산나와 원로들　　　　　　　　　　코르넬리우스 드 하를렛 작

다니엘 Daniel 13:26-27

집에 있던 사람들이 정원에서 나는 고함 소리를 듣고, 옆문으로 뛰어들어 수산나에게 일어난 일을 보았다. 원로들이 저희 쪽의 이야기를 하자 하인들은 매우 수치스럽게 생각하였다. 수산나를 두고 누가 그와 같은 말을 한 적이 한 번도 없었기 때문이다.

The household, hearing the shouting in the garden, rushed out by the side entrance to see what was happening; once the elders had told their story the servants were thoroughly taken aback, since nothing of this sort had ever been said of Susanna.

박해받는 수산나

다니엘 Daniel 13:28-29

다음 날, 수산나의 남편 요야킴의 집으로 백성들이 모여들 때, 그 두 원로는 수산나를 죽이겠다는 악한 생각을 가득 품고서 그리로 갔다. 그들이 백성 앞에서 말하였다. "사람을 보내어 요야킴의 아내, 힐키야의 딸 수산나를 데려오게 하시오."

Next day a meeting was held at the house of her husband Joakim. The two elders arrives, in their vindictiveness determined to have her put to death. They addressed the company: "Summon Susanna daughter of Hilkiah and wife of Joakim."

수산나를 재판하다   알브레히트 뒤러 작

다니엘 Daniel 13:42-43

"아, 영원하신 하느님! 당신께서는 감추어진 것을 아시고 무슨 일이든 일어나기 전에 미리 다 아십니다. 또한 당신께서는 이자들이 저에 관하여 거짓된 증언을 하였음도 알고 계십니다. 이자들이 저를 해치려고 악의로 꾸며 낸 것들을 하나도 하지 않았는데, 저는 이제 죽게 되었습니다."

"Eternal God, you know all secrets and everything before it happens; you know that they have given false evidence against me. And now have I to die, innocent as I am of everything their malice has invented against me?"

고발 당한 수산나   하인리히 알데그레버 작

다니엘 13:61-62

다니엘이 두 원로에게, 자기들이 거짓 증언을 하였다는 사실을 저희 입으로 입증하게 하였으므로, 온 회중은 그들에게 들고일어났다. 그리고 그들이 이웃을 해치려고 악의로 꾸며 낸 그 방식대로 그들을 처리하였다. 모세의 율법에 따라 그들을 사형에 처한 것이다. 이렇게 하여 그날에 무죄한 이가 피를 흘리지 않게 되었다.

무죄로 드러난 수산나 헨리 리델의 작

Daniel 13:61-62

And they turned on the two elders whom Daniel had convicted of false evidence out of their own mouths. As prescribed in the Law of Moses, they sentenced them to the same punishment as they had intended to inflict on their neighbor. They put them to death; the life of an innocent woman was spared that day.

두 원로가 처형되다   구스타프 도레 작

다니엘 Daniel 14:21-22

사제들은 자기들이 들어와서 제사상의 제물을 먹곤 하던 비밀 문들을 임금에게 보여 주었다. 임금은 그들을 사형에 처하고 벨을 다니엘에게 넘겨주었다. 다니엘은 벨과 그 신전을 부수어 버렸다.

They showed him then the secret door through which they used to come and remove what was on the table. The king had them put to death and handed Bel over to Daniel who destroyed both the idol and its temple.

벨 사제들을 물리치다

구스타프 도레 작

호세아서
The Book of Hosea

호세아 Hosea 1:2

호세아를 통하여 주님께서 하신 말씀의 시작. 주님께서 호세아에게 말씀하셨다. "너는 가서 창녀와 창녀의 자식을 맞아들여라. 이 나라가 주님에게 등을 돌리고 마구 창녀 짓을 하기 때문이다."

When Yahweh first spoke through Hosea, Yahweh said this to him, "Go, marry a whore, and get children with a whore, for the country itself has become nothing but a whore by abandoning Yahweh."

호세아와 요나

호세아 Hosea 4:16

고집 센 암소처럼 정녕 이스라엘은 고집이 세다. 그러니 주님이 어찌 그들을 어린 양처럼 넓은 곳에 놓아기르실 수 있겠느냐?

Since Israel is as obstinate as a stubborn heifer, how can Yahweh pasture him like a lamb in rolling pastures?

고집이 센 짐승들   흠정영역성서(1708년, 런던)

호세아 Hosea 6:5-6

그래서 나는 예언자들을 통하여 그들을 찍어 넘어뜨리고 내 입에서 나가는 말로 그들을 죽여 나의 심판이 빛처럼 솟아오르게 하였다. 정녕 내가 바라는 것은 희생 제물이 아니라 신의다. 번제물이 아니라 하느님을 아는 예지다.

This is why I have torn them to pieces by the prophets, why I slaughtered them with the words from my mouth, since what I want is love, not sacrifice; knowledge of God, not holocausts.

빵 굽는 집들

호세아 Hosea 8:5-6

사마리아야, 네 송아지를 내던져 버려라. 내 분노가 그들을 향해 타오른다. 송아지 신상은 이스라엘에서 나온 것 대장장이가 만든 것일 뿐 결코 하느님이 아니다. 정녕 사마리아의 송아지는 산산조각이 나리라.

I spurn your calf, Samaria, my anger blazes against it. (How long will it be before they purge themselves of this, the sons of Israel?) A workman made the thing, this cannot be God! Yes, the calf of Samaria shall go up in flames.

금송아지   윌킨슨 작

호세아 Hosea 13:7-8

그러므로 나는 그들에게 사자처럼 되고 표범처럼 길에서 숨어 기다리리라. 나는 새끼 잃은 곰처럼 그들을 덮쳐 그들의 가슴을 찢어발기리라. 사자처럼 그 자리에서 그들을 뜯어 먹고 들짐승이 그들을 찢어 먹게 하리라.

Very well, I will be a lion to them, a leopard lurking by the way; like a bear robbed of her cubs I will pounce on them, and tear the flesh around their hearts; the dogs shall eat their flesh, the wild beasts tear them to pieces.

시리아 곰

호세아 13:14

내가 그들을 저승의 손에서 구해야 하는가? 내가 그들을 죽음에서 구원해야 하는가? 죽음아, 네 흑사병은 어디 있느냐? 저승아, 네 괴질은 어디 있느냐? 내 눈은 연민 같은 것을 모른다.

죽음의 문   윌리엄 블레이크 작

Hosea 13:14

And am I to save them from the power of Sheol? Am I to rescue them from Death? Where is your plague, Death? Where are your scourges, Sheol? I have no eyes for pity.

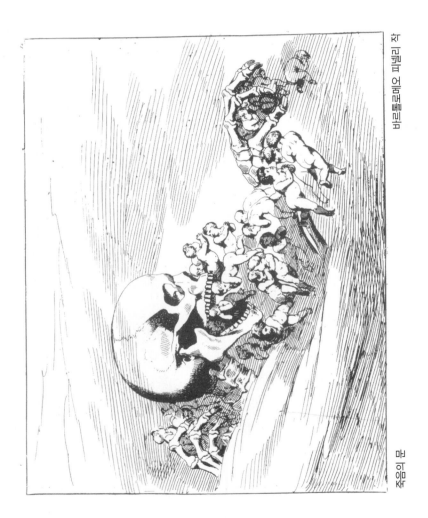

호세아 Hosea 14:5, 9

그들에게 품었던 나의 분노가 풀렸으니 이제 내가 반역만 꾀하던 그들의 마음을 고쳐 주고 기꺼이 그들을 사랑해 주리라. 내가 응답해 돌보아 주는데 에프라임이 우상들과 무슨 상관이 있느냐? 나는 싱싱한 방백나무 같으니 너희는 나에게서 열매를 얻으리라.

I will love them with all my heart, for my anger has turned from them. What has Ephraim to do with idols any more when it is I who hear his prayer and care for them? I am like a cypress ever green, all your fruitfulness comes from me.

방백나무

요엘서
The Book of Joel

요엘 Joel 1:5-6

술 취한 자들아, 깨어나 울어라. 술꾼들아 너희 입에 들어가다 만 포도주를 생각하며 모두 울부짖어라. 셀 수 없이 많고 힘센 족속이 내 땅을 쳐 올라왔다. 그들의 이빨은 사자 이빨 같고 암사자의 엄니 같다.

Awake, drunkards, and weep! All you who drink wine, lament for that new wine: it has been dashed from your lips. For a nation has invaded my country, mighty and innumerable; its teeth are the teeth of lions, it has the fangs of a lioness.

요엘　　　　　　　　　미켈란젤로 작

요엘 Joel 1:12

포도나무는 마르고 무화과나무는 시들었다. 석류나무 야자나무 사과나무 할 것 없이 들의 나무가 모조리 말라 버렸다. 정녕 사람들에게서 기쁨이 말라 버렸다.

The vine has withered, the fig tree wilts away; pomegranate, and palm, and apple, every tree in the field is drooping. Yes, gladness has faded among the sons of men.

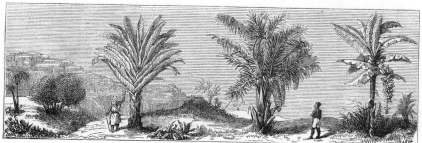

대추야자 나무

요엘 Joel 2:20

"나는 북쪽에서 온 것들을 너희에게서 멀리 내쫓아 메마르고 황량한 땅으로 몰아내리라. 그 전위대는 동쪽 바다로, 후위대는 서쪽 바다로 몰아넣으리라. 그러면 그것들이 썩는 냄새가 올라오고 악취가 올라오리라."

"I will drive the invader from the north far away from you and drive him into an arid, desolate land, his vanguard to the eastern sea, his rearguard to the western sea. He will give off a stench, give off a foul stink."

사해 풍경

요엘 Joel 2:27

너희는 내가 이스라엘 한가운데에 있음을, 주 너희 하느님이 바로 나요 나 말고
는 다른 신이 없음을 알게 되리라. 다시는 내 백성이 수치를 당하지 않으리라.

And you will know that I am in the midst of Israel, that I am Yahweh
your God, with none to equal me. My people will not be disappointed
any more.

다시 찾아온 풍요함   흠정영역성서(1708년, 런던)

요엘 Joel 4:1-2

"보라, 나는 유다와 예루살렘의 운명을 되돌려 줄 그날과 그때에 모든 민족들을 모아 여호사팟 골짜기로 끌고 내려가서 나의 백성, 나의 소유 이스라엘에 한 일을 두고 그들을 거기에서 심판하리라. 그들은 내 백성을 민족들 가운데에 흩어버리고 내 땅을 나누어 가졌다."

"For in those days and at that time, when I restore the fortunes of Judah and Jerusalem, I am going to gather all the nations and take them down to the Valley of Jehoshaphat; there I intend to put them on trial for all they have done to Israel, my people and my heritage. For they have scattered them among the nations and have divided up my land among themselves."

여호사팟 계곡   카사스 작

아모스서
The Book of Amos

아모스 Amos 1:2

아모스가 말하였다. "주님께서 시온에서 호령하시고 예루살렘에서 큰 소리를 치시니 목자들의 풀밭이 시들고 카르멜 꼭대기가 말라 버린다."

He said: Yahweh roars from Zion, and makes his voice heard from Jerusalem; the shepherds' pastures mourn, and the crown of Carmel withers."

아모스

아모스 Amos 2:12-13

"그런데 너희는 나지르인들에게 술을 먹이고 예언자들에게 '예언하지 마라.' 하고 명령하였다. 그러므로 이제 나는 곡식 단으로 가득 차 짓눌리는 수레처럼 너희를 짓눌러 버리리라."

But you have forced the nazirites to drink wine and given orders to the prophets, "Do not prophecy." See then how I am going to crush you into the ground as the threshing sledge crushes when clogged by straw.

이집트 수레

아시리아 수레

아모스 Amos 5:1-2

"이스라엘 집안아, 이 말을 들어라, 내가 너희를 두고 부르는 이 애가를. 처녀
이스라엘이 쓰러져 다시는 일어나지 못하는구나. 제 땅에 내던져졌어도 일으
켜 줄 사람 하나 없구나."

"Listen to this oracle I speak against you, it is a dirge, House of Israel:
She is down and will rise no more, the virgin of Israel. There she lies all
alone on her own soil, with no one to lift her up."

아모스   구스타프 도레 작

아모스 Amos 5:16-17

"광장마다 곡소리가 터져 나오고 거리마다 '아이고, 아이고!' 하리라. 사람들은 농부들을 불러 통곡하게 하고 곡꾼들을 불러 곡하게 하리라. 포도밭마다 곡소리가 터져 나오리니 내가 너희 가운데를 지나갈 것이기 때문이다."

In every public square there will be lamentation, in every street wails of "Alas! Alas!" Peasants will be called to lament as well as the professional mourners and there will be wailing in every vineyard, for I am going to pass through you."

애도하는 여인들

"불행하여라, 주님의 날을 갈망하는 자들! 주님의 날이 너희에게 무슨 득이 되느냐? 그날은 어둠일 뿐 결코 빛이 아니다. 사자를 피해 도망치다가 곰을 만나고 집 안으로 피해 들어가 손으로 벽을 짚었다가 뱀에게 물리는 것과 같으리라."

Trouble for those who are waiting so longingly for the day of Yahweh! What will this day of Yahweh mean for you? It will mean darkness, not light, as when a man escapes a lion's mouth, only to meet a bear; he enters his house and puts his hand on the wall, only for a snake to bite him.

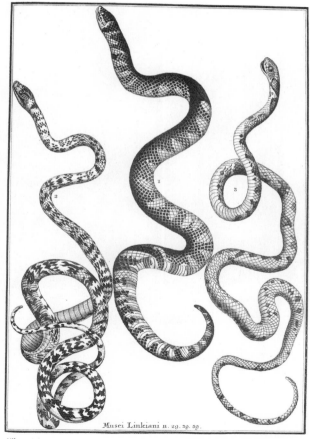

뱀

흠정영역성서(1708년, 런던)

아모스 Amos 5:26-27

"너희는 스스로 만든 너희 임금 사쿳 상과 너희 별 신 케완 상을 짊어지고 가리라. 그러므로 내가 너희를 다마스쿠스 너머로 유배를 보내리라."

Now you must shoulder Sakkuth your king and Kaiwan your god, those idols you have made for yourselves; for I mean to take you far beyond Damascus into exile.

이교도들의 신의 마차

그러자 아모스가 아마츠야에게 대답하였다. "나는 예언자도 아니고 예언자의
제자도 아니다. 나는 그저 가축을 키우고 들무화과나무를 가꾸는 사람이다. 그
런데 주님께서 양 떼를 몰고 가는 나를 붙잡으셨다. 그리고 나서 나에게 '가서
내 백성 이스라엘에게 예언하여라.' 하고 말씀하셨다."

"I was no prophet, neither did I belong to any of the brotherhoods of
prophets," Amos replied to Amaziah. "I was a shepherd, and looked
after sycamores: but it was Yahweh who took me from herding the
flock, and Yahweh who said, 'Go, prophecy to my people Israel.'"

무화과 열매

아모스 8:4, 6

빈곤한 이들을 짓밟고 이 땅의 가난한 이를 망하게 하는 자들아 이 말을 들어라. 너희는 말한다. "힘없는 자를 돈으로 사들이고 빈곤한 자를 신 한 켤레 값으로 사들이자. 지스러기 밀도 내다 팔자."

거지들   자크 카요 작

<u>Amos 8:4, 6</u>

Listen to this, you who trample on the needy and to try to suppress the poor people of the country, you who say, "We can buy up the poor for money, and the needy for a pair of sandals, and get a price even for the sweepings of the wheat."

거지 소년

에스테반 무리요 작

아모스 Amos 8:4, 6

춤추는 거지

토마스 비크 작

아모스 Amos 9:3

"그들이 카르멜 꼭대기에 몸을 숨겨도 내가 거기에서 찾아내어 붙잡아 오고 그들이 내 눈을 피해 바다 밑바닥에 숨더라도 내가 바다 뱀에게 명령하여 거기에서 그들을 물게 하리라."

"Should they hide on Carmel's peak, there I will track them down and catch them; should they hide from my sight on the sea bed, I will tell the Dragon to bite them there."

Musei Linckiani n. 65. 66. 67.

독사   흠정영역성서(1708년, 런던)

오바드야서
The Book of Obadiah

오바드야 Obadiah 1:3-4

"네가 바위틈에 살고 높은 곳에 자리를 잡고서는 '누가 나를 땅으로 끌어 내리랴?' 하고 마음속으로 생각한다마는 네 마음의 교만이 너를 속였다. 네가 독수리처럼 높이 치솟아도 네가 별들 사이에 보금자리를 틀고 있어도 내가 너를 거기에서 끌어 내리리라."

Your pride of heart has led you astray, you whose home is in the holes in the rocks, who make the heights your dwelling, who say in your heart, "Who will bring me down to the ground?" Though you soared like the eagle, though you set your nest among the stars, I would still fling you down again.

독수리

오바드야 Obadiah 1:10-11

"네 아우 야곱에게 저지른 살인과 폭행 때문에 너는 치욕으로 뒤덮여 영원히 멸망하리라. 네가 저만치 떨어져서 서 있던 그날 이민족들이 야곱의 재산을 끌어가고 낯선 자들이 그의 대문으로 쳐들어가 예루살렘을 두고 제비를 뽑던 그날 너도 그들과 마찬가지였다."

For the slaughter, for the violence done to your brother Jacob, shame will cover you and you will vanish for ever. On the day you stood by as strangers carried off his riches, as barbarians passed through his gate and cast lots for Jerusalem, you behaved like the rest of them.

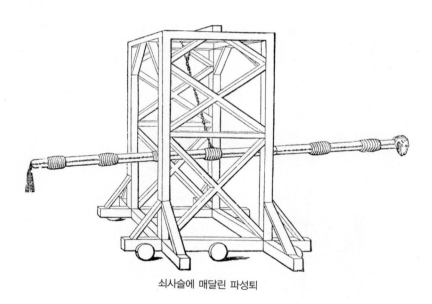

쇠사슬에 매달린 파성퇴

오바드야 Obadiah 1:19

네겝 사람들은 에사우 산을, 평원지대 사람들은 필리스티아 땅을 소유하리라. 그들은 에프라임의 영토와 사마리아의 영토를, 벤야민은 길앗을 소유하리라.

Men from the Negeb will occupy the Mount of Esau, men from the Lowlands the country of the Philistines; they will occupy the land of Ephraim and the land of Samaria, and Benjamin will occupy Gilead.

사마리아 지도　　　　　　　　　　　　흠정영역성서(1708년, 런던)

오바드야 Obadiah 1:20

그리고 유배자들은, 이스라엘 자손들의 이 무리는 사렙타에 이르기까지 가나
안 땅을 소유하리라. 스파랏에 사는 예루살렘 출신 유배자들은 네겝의 성읍들
을 소유하리라.

The exiles from this army, the sons of Israel, will occupy Canaan as far
as Zarephath; and the exiles from Jerusalem now in Sepharad will
occupy the towns of the Negeb.

가나안 지도   흠정영역성서(1708년, 런던)

요나서
The Book of Jonah

요나 1:1-3

주님의 말씀이 아미타이의 아들 요나에게 내렸다. "일어나 저 큰 성읍 니네베로 가서, 그 성읍을 거슬러 외쳐라. 그들의 죄악이 나에게까지 치솟아 올랐다." 그러나 요나는 주님을 피하여 타르시스로 달아나려고 길을 나서 야포로 내려갔다.

호세아와 요나

The word of Yahweh was addressed to Jonah son of Amittai: "Up!" he said, "Go to Nineveh, the great city, and inform them that their wickedness has become known to me." Jonah decided to run away from Yahweh, and to go to Tarshish. He went down to Joppa.

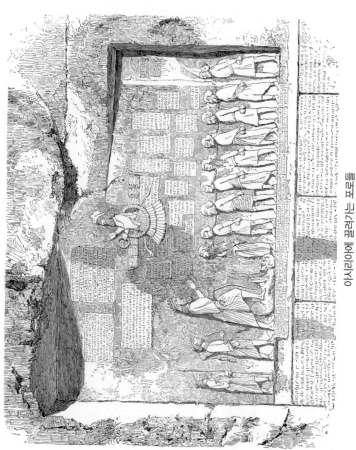

아시리아의 쐐기를 새겨놓은 돌판

요나 Jonah 1:1-3

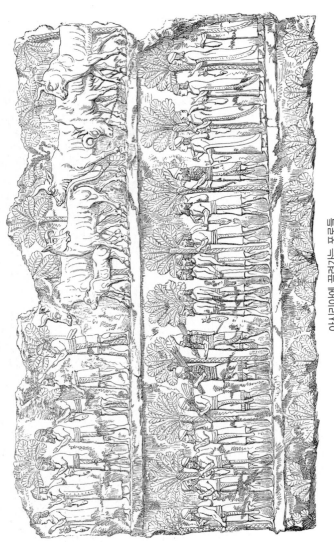

요나 Jonah 1:4

그러나 주님께서 바다 위로 큰 바람을 보내시니, 바다에 큰 폭풍이 일어 배가 거의 부서지게 되었다.

But Yahweh unleashed a violent wind on the sea, and there was such a great storm at sea that the ship threatened to break up.

바다의 폭풍   흠정영역성서(1708년, 런던)

요나 Jonah 1:14-15

그러자 그들이 주님께 부르짖었다. "아, 주님! 이 사람의 목숨을 희생시킨다고 부디 저희를 멸하지는 마십시오. 주님, 당신께서는 뜻하신 대로 이 일을 하셨으니, 저희에게 살인죄를 지우지 말아 주십시오." 그리고 나서 그들이 요나를 들어 바다에 내던지자, 성난 바다가 잔잔해졌다.

They then called on Yahweh and said, "O Yahweh, do not let us perish for taking this man's life; do not hold us guilty of innocent blood; for you, Yahweh, have acted as you have thought right." And taking hold of Jonah they threw him into the sea; and the sea grew calm again.

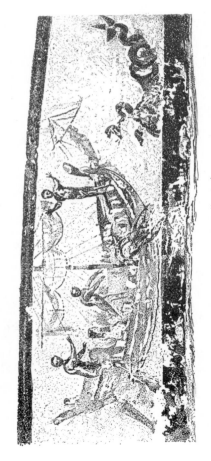

바다로 던져지는 요나

요나 Jonah 2:1-2

주님께서는 큰 물고기를 시켜 요나를 삼키게 하였다. 요나는 사흘 낮과 사흘 밤을 그 물고기 배 속에 있었다. 물고기 배 속에서 요나는 주 하느님께 기도드렸다.

Yahweh had arranged that a great fish should be there to swallow Jonah; and Jonah remained in the belly of the fish for three days and three nights. From the belly of the fish he prayed to Yahweh, his God.

큰 물고기 입 　　　　　흠정영역성서(1708년, 런던)

요나 2:9-11

"헛된 우상을 섬기는 자들은 신의를 저버립니다. 그러나 저는 감사 기도와 함께 당신께 희생 제물을 바치고 제가 서원한 것을 지키렵니다. 구원은 주님의 것입니다." 주님께서는 그 물고기에게 분부하시어 요나를 육지에 뱉어 내게 하셨다.

물고기가 요나를 토해내다

"Those who serve worthless idols forfeit the grace that was theirs. But I, with a song of praise, will sacrifice to you. The vow I have made, I will fulfill. Salvation comes from Yahweh." Yahweh spoke to the fish, which then vomited Jonah on to the shore.

물고기가 요나를 토해내다

구스타프 도레 작

요나 3:1-3

주님의 말씀이 두 번째로 요나에게 내렸다. "일어나 저 큰 성읍 니네베로 가서, 내가 너에게 이르는 말을 그 성읍에 외쳐라!" 요나는 주님의 말씀대로 일어나 니네베로 갔다. 니네베는 가로지르는 데에만 사흘이나 걸리는 아주 큰 성읍이었다.

아시리아 왕궁 정원

Jonah 3:1-3

The word of Yahweh was addressed a second time to Jonah: "Up!" he said, "Go to Nineveh, the great city, and preach to them as I told you to." Jonah set out and went to Nineveh in obedience to the word of Yahweh. Now Nineveh was a city great beyond compare: it took three days to cross it.

아시리아의 사르곤 왕

요나 Jonah 3:1-3

아시리아의 살마나사르 3세 기념비

요나 Jonah 3:4

요나는 그 성읍 안으로 걸어 들어가기 시작하였다. 하룻길을 걸은 다음 이렇게 외쳤다. "이제 사십 일이 지나면 니네베는 무너진다!"

Jonah went on into the city, making a day's journey. He preached in these words, "Only forty days more and Nineveh is going to be destroyed."

니네베 사람들에게 설교하는 요나

구스타프 도레 작

요나 Jonah 3:5, 10

그러자 니네베 사람들이 하느님을 믿었다. 그들은 단식을 선포하고 가장 높은
사람부터 가장 낮은 사람까지 자루 옷을 입었다. 하느님께서는 그들이 악한 길
에서 돌아서는 모습을 보셨다. 그래서 하느님께서는 마음을 돌리시어 그들에
게 내리겠다고 말씀하신 그 재앙을 내리지 않으셨다.

And the people of Nineveh believed in God; they proclaimed a fast and
put on sackcloth, from the greatest to the least. God saw their efforts to
renounce their evil behavior. And God relented; he did not inflict on
them the disaster which he had threatened.

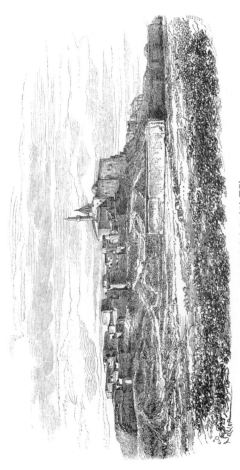

니네베 폐허의 언덕과 강

요나 Jonah 4:10

주님께서 이렇게 말씀하셨다. "너는 네가 수고하지도 않고 키우지도 않았으며, 하룻밤 사이에 자랐다가 하룻밤 사이에 죽어 버린 이 아주까리를 그토록 동정하는구나!"

Yahweh replied, "You are only upset about a castor-oil plant which cost you no labor, which you did not make grow, which sprouted in a night and has perished in a night."

아주까리 그늘의 요나

요나 Jonah 4:11

"그런데 하물며 오른쪽과 왼쪽을 가릴 줄도 모르는 사람이 십이만 명이나 있고, 또 수많은 짐승이 있는 이 커다란 성읍 니네베를 내가 어찌 동정하지 않을 수 있겠느냐?"

"And am I not feel sorry for Nineveh, the great city, in which there are more than a hundred and twenty thousand people who cannot tell their right hand from their left, to say nothing of all the animals?"

니네베를 바라보는 요나   흠정영역성서(1708년, 런던)

미카서
The Book of Micah

미카 Micah 3:1-2

"야곱의 우두머리들아 이스라엘 집안의 지도자들아, 들어라. 공정을 바로 아는 것이 너희 일이 아니냐? 그런데 너희는 선을 미워하고 악을 사랑하며 사람들의 살갗을 벗겨 내고 뼈에서 살을 발라낸다."

"Listen now, you princes of the House of Jacob, rulers of the House of Israel. Are you not the ones who should know what is right, you, enemies of good and friends of evil?"

구스타프 도레 작

회개를 촉구하는 미가

미카 Micah 4:3-4

한 민족이 다른 민족을 거슬러 칼을 쳐들지도 않고 다시는 전쟁을 배워 익히지도 않으리라. 사람마다 아무런 위협도 받지 않고 제 포도나무와 무화과나무 아래에 앉아 지내리라.

Nation will not lift sword against nation, there will be no more training for war. Each man will sit under his vine and his fig tree, with no one to trouble him.

정원

미카 Micah 5:1

그러나 너 에프라타의 베들레헴아 너는 유다 부족들 가운데에서 보잘것없지만 나를 위하여 이스라엘을 다스릴 이가 너에게서 나오리라. 그의 뿌리는 옛날로, 아득한 시절로 거슬러 올라간다.

But you, (Bethlehem) Ephrathah, the least of the clans of Judah, out of you will be born for me the one who is to rule over Israel; his origin goes back to the distant past, to the days of old.

미카 5:4-5

아시리아가 우리 나라를 쳐들어와서 우리 땅을 밟으면 우리는 그들을 거슬러 일곱 목자와 여덟 제후를 세우리라. 그들은 아시리아 땅을 칼로 다스리고 니므롯 땅을 검으로 다스리리라.

아시리아 군대장수

Micah 5:4-5

As for Assyria, should it invade our country, should it set foot on our
soil, we will raise seven shepherds against it, eight leaders of men; they
will shepherd Assyria with the sword, and the land of Nimrod with the
sword blade.

미카 Micah 7:16-17

민족들이 아무리 힘이 세더라도 그들은 그것을 보고 부끄러워하며 손을 입에
댈 것입니다. 그들의 귀가 막힐 것입니다. 그들은 뱀처럼, 땅 위를 기어 다니는
것처럼 먼지를 핥고 저희 요새에서 떨며 주 우리 하느님께로 나오고 무서워서
당신을 경외할 것입니다.

The pagans, seeing it, will be confounded for all their power; they will
lay their hands to their mouths, their ears will be deafened by it. They
will lick the dust like serpents, like things that crawl on the earth. They
will come trembling from their lairs, in terror and fear before you.

뱀   흠정영역성서(1708년, 런던)

나훔서
The Book of Nahum

나훔 Nahum 2:12

사자의 굴이 어디 있느냐? 새끼 사자들의 소굴이 어디 있느냐? 수사자와 암사자와 새끼 사자가 아무런 위협도 받지 않고 드나들던 그곳.

Where is the lion's den, the cave of the lion's whelps? When the lion made his foray the lioness stayed behind, the lion's cubs too; and no one molested them.

사자들과 싸우는 사람   바빌론 유물

나훔 Nahum 2:13-14

그 수사자가 새끼들에게 먹을 것을 넉넉히 찢어 주고 암컷들에게 먹이를 잡아
주더니. 제 바위 굴을 먹이로, 찢어 놓은 고기로 제 굴을 가득 채우더니. 보라,
내가 그에게 맞서리라. 만군의 주님의 말씀이다.

The lion clawed enough for his whelps, and tore up prey for his
lionesses; he filled his cave with the prey. I am here! Look to
yourself! —It is Yahweh Sabaoth who speaks.

사람을 덮친 사자   바빌론 유물

사자

네가 테베보다 낫단 말이냐? 나일 강 곁에 자리 잡아 강물이 둘러싸고 바다가
방어벽이며 물이 성벽인 그곳. 에티오피아가 그 힘이 되고 이집트도 끝없이 그
힘이 되어 주었다. 풋과 리비아인들은 그 협조자들이었다.

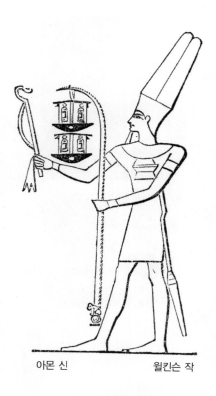

아몬 신   윌킨슨 작

Nahum 3:8-9

Are you mightier than No-ammon who had her throne beside the river, who had the sea for outer wall, the waters for rampart? Her strength was Ethiopia, Egypt too; she had no boundaries. Men of Put and the Lybians were her auxiliaries.

이집트 테베의 라메세스 페허

나훔 Nahum 3:10

그러한 테베도 유배를 가고 포로로 끌려갔다. 젖먹이들도 거리 모퉁이마다 내동댕이쳐지고 귀족들을 놓고서는 제비를 뽑으며 고관들은 모조리 사슬로 묶였다.

And yet she was forced into exile, she went into captivity; her little ones, too, were dashed to pieces at every crossroad; lots were drawn for her nobles, all her great men were loaded with chains.

테베

하바쿡서
The Book of Habakkuk

하바쿡 Habakkuk 1:2-3

주님, 당신께서 듣지 않으시는데 제가 언제까지 살려달라고 부르짖어야 합니까? 당신께서 구해 주지 않으시는데 제가 언제까지 "폭력이다!" 하고 소리쳐야 합니까? 어찌하여 제가 불의를 보게 하십니까? 어찌하여 제가 재난을 바라보아야 합니까?

How long, Yahweh, am I to cry for help while you will not listen; to cry "Oppression!" in your ear and you will not save? Why do you set injustice before me, why do you look on while there is tyranny?

하바쿡　　　　　카라바지오 작

하바쿡 1:6, 11

이제 내가 사납고 격렬한 민족 칼데아인들을 일으키리니 그들은 넓은 세상으로 진군하여 남들이 사는 곳을 차지하리라. 그러나 제 힘을 하느님으로 여겨 죄를 지은 자들 그들은 바람처럼 지나가 사라지리라.

칼데아 기병   흠정영역성서(1708년, 런던)

Habakkuk 1:6, 11

For now I am stirring up the Chaldaeans, that fierce and fiery people who march miles across country to seize the homes of others. Then the wind changes and is gone... Sinful, he who makes his own strength his god.

독수리   18세기 작

하바쿡 Habakkuk 1:15, 17

그는 사람들을 모두 낚시로 낚아 올리고 그물로 끌어 올리며 쾡이로 모으고 나서는 기뻐 날뜁니다. 이렇게 그가 줄곧 그물을 비워 대고 민족들을 무자비하게 죽여도 됩니까?

어부들

Habakkuk 1:15,17

A people, these, who catch all on their hook, who draw them with their net, in their dragnet gather them, and so, triumphantly, rejoice. Are they then to empty their net unceasingly, slaughtering nations without pity?

어부 16세기 작

스바니야서
The Book of Zephaniah

스바니야 Zephaniah 1:2, 4

나는 모든 것을 땅 위에서 말끔히 쓸어버리리라. 주님의 말씀이다. 나는 유다에, 예루살렘의 모든 주민에게 손을 뻗어 그곳에서 나머지 바알 신상들을 그 우상 숭배 사제들의 이름과 함께 없애 버리리라.

I mean to sweep away everything off the face of the earth—it is Yahweh who speaks. I am going to raise my hand against Judah and against all the inhabitants of Jerusalem, and from this place I will wipe out Baal, to the very last vestige of him, even to the name of his spurious priests.

바알의 사제들을 처형하다

율리우스 슈노르 폰 카롤스펠트 작

스바니야 2:4-5

정녕 가자는 인적이 끊기고 아스클론은 폐허가 되리라. 아스돗 주민들은 대낮에 쫓겨나고 에크론 사람들은 모조리 내몰리리라. 불행하여라, 해안 지방에 사는 크렛 민족! — 주님께서 너희를 거슬러 말씀하신다. — 필리스티아 땅 가나안아 내가 너를 없애 버려 주민들이 하나도 남지 않게 하리라.

가자   포빈 작

Yes, Gaza is going to be reduced to desert, Ashkelon to waste. Ashdod will be stormed in broad daylight, and Ekron rooted out. Woe to the members of the Confederacy of the Sea, to the nation of the Cherethites! This is the word of Yahweh against you: I mean to bring you down, land of the Philistines, I am going to ruin you, empty you of inhabitants.

아스클론

스바니야 Zephaniah 2:13-14

그분께서는 북녘으로 손을 뻗으시어 아시리아를 없애시고 니네베를 폐허로, 광야처럼 메마른 땅으로 만드시리라. 가축 떼가, 골짜기의 온갖 짐승이 그 한가운데에 눕고 사다새와 부엉이도 니네베 기둥 꼭대기에서 지내리라.

He is going to raise his hand against the north and bring Assyria down in ruins; he will make Nineveh a waste, dry as the desert. In the middle of her the flocks will rest; all the beasts of the valley, even the pelican and the heron will roost around her cornices at night.

니네베

스바니야 Zephaniah 3:3-4

그 안에 있는 대신들은 으르렁거리는 사자들, 그 판관들은 저녁 이리 떼, 아침까지 아무 것도 남기지 않는다. 예언자들은 허풍쟁이, 믿을 수 없는 사람들, 사제들은 거룩한 것을 더럽히고 율법을 짓밟는다.

The leaders she harbors are roaring lions, her judges, wolves at evening that have had nothing to gnaw that morning; her prophets are braggarts, they are impostors; her priests profane the holy things, they do violence to the Law.

사마리아의 사자들   구스타프 도레 작

하까이서
The Book of Haggai

하까이 Haggai 2:7, 9

내가 모든 민족들을 뒤흔들리니 모든 민족들의 보화가 이리 들어오리라. 그리하여 내가 이 집을 영광으로 가득 채우리라. 이 집의 새 영광이 이전의 영광보다 더 크리라. 내가 이곳에 평화를 주리라.

I will shake all the nations and the treasures of all the nations shall flow in, and I will fill this Temple with glory. The new glory of this Temple is going to surpass the old, and in this place I will give peace.

17세기 판화

예루살렘 성전

그러자 하까이가 말하였다. "내 앞에서는 이 백성도 그러하고 이 민족도 그러
하다. 주님의 말씀이다. 그들의 손이 하는 일도 모두 그러하다. 그들이 거기에
서 바치는 것들도 다 부정하다."

부정한 새   흠정영역성서(1708년, 런던)

Haggai 2:14

Haggai then spoke out. "It is the same with this people," he said, "the same with this nation as I see it—it is Yahweh who speaks—the same with everything they turn their hands to; and what they offer here is unclean."

부정한 새   흠정영역성서(1708년, 런던)

즈카르야서
The Book of Zechariah

즈카르야 Zechariah 1:2-3

"주님께서 너희 조상들에게 크게 화가 났다. 그러므로 너는 그들에게 말하여라. '만군의 주님이 말한다. 너희는 나에게 돌아와라. 그러면 나도 너희에게 돌아가리라. ─ 만군의 주님께서 말씀하신다.'"

"Cry out to the remnant of this people and say to them, 'Yahweh Sabaoth says this: Return to me, and I will return to you, says Yahweh Sabaoth.'"

즈카르야   미켈란젤로 작

즈카르야 Zechariah 1:4-5

너희는 너희 조상들처럼 되지 마라. 이전에 예언자들은 '만군의 주님께서 이렇게 말씀하신다. 너희는 부디 너희의 악한 길과 악한 행동을 버리고 돌아와라.' 하고 외쳤으나, 그들은 듣지도 않고 나에게 주의를 기울이지도 않았다. 주님의 말씀이다. 너희의 그 조상들은 어디에 있느냐? 또 그 예언자들은 아직도 살아 있느냐?

Do not be like your ancestors, to whom the prophets in the past cried: Yahweh Sabaoth says this: Turn back from your evil ways and evil deeds. But— it is Yahweh who speaks —they would not listen or pay attention to me. Where are your ancestors now? Are those prophets still alive?

즈카르야의 무덤

즈카르야 Zechariah 2:1-2

내가 눈을 들어 보니 뿔이 네 개 있었다. 나와 이야기하던 천사에게 내가 물었다. "이것들은 무엇입니까?" 그가 나에게 대답하였다. "이것들은 유다와 이스라엘과 예루살렘을 흩어버린 뿔이다."

Then, raising my eyes, I saw a vision. It was this: there were four horns. I said to the angel who was talking to me, "What are these horns, my lord?" He said to me, "These are the horns which have scattered Judah (Israel) and Jerusalem."

뿔 달린 머리 장식

즈카르야 Zechariah 6:1, 5

내가 다시 눈을 들어 보니, 두 산 사이에서 병거 넉 대가 나오고 있었다. 그 산들은 청동 산이었다. 그러자 천사가 나에게 대답하였다. "이것들은 온 세상의 주님을 뵙고 나서 이제 길을 나서는 하늘의 네 바람이다."

Again I raised my eyes, and this is what I saw: four chariots coming out between the two mountains, and the mountains were mountains of bronze. The angel answered, "These are going out to the four winds of heaven after standing before the Lord of the whole world."

네 병거의 환상   구스타프 도레 작

즈카르야 Zechariah 11:1-2

레바논아, 문을 열어라. 불이 네 향백나무들을 살라 버리리라. 방백나무야, 울부짖어라. 향백나무가 쓰러지고 커다란 나무들이 쓰러졌다. 바산의 참나무야, 울부짖어라. 우거진 수풀이 결딴났다.

Open your gates, Lebanon, and let the fire burn down your cedars. (Wail, cypress, for felled is the cedar, the mighty ones have been brought low!) Wail, oaks of Bashan, for the impenetrable forest has been felled!

말라키서
The Book of Malachi

말라키 Malachi 1:6

아들은 아버지를, 종은 주인을 공경하는 법인데 내가 아버지라면 나에 대한 공경은 어디 있느냐? 내가 주인이라면 나에 대한 두려움은 어디 있느냐? 내 이름을 업신여기는 사제들아 만군의 주님이 너희에게 말한다.

The son honors his father, the slave respects his master. If I am indeed father, where is your honor? If I am indeed master, where is my respect? Yahweh Sabaoth asks this of you, priests, you who despise my name.

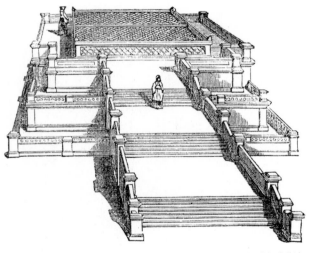

번제 제단   수렌후시우스의 미슈나에서

말라키 Malachi 3:1, 3

보라, 내가 나의 사자를 보내니 그가 내 앞에서 길을 닦으리라. 그는 은 제련사
와 정련사처럼 앉아 레위의 자손들을 깨끗하게 하고 그들을 금과 은처럼 정련
하여 주님에게 의로운 제물을 바치게 하리라.

Look, I am going to send my messenger to prepare a way before me.
He will take his seat as refiner and purifier; he will purify the sons of
Levi and refine them like gold and silver,

은 제련